# DESCUBRE el MAYOR PODER del MUNDO

TODO LO QUE NECESITAS
PARA UNA VIDA EXTRAORDINARIA

TIAGO BRUNET

WHITAKER
HOUSE
Español

Itálicas y negritas en los textos y citas bíblicas son énfasis del autor.

Editado por: Ofelia Pérez

**Descubre el mayor poder del mundo**
**Todo lo que necesitas para una vida extraordinaria**

ISBN: 978-1-64123-083-4
eBook ISBN: 978-1-64123-084-1
Impreso en los Estados Unidos de América.


Whitaker House
1030 Hunt Valley Circle
New Kensington, PA 15068
www.whitakerhouseespanol.com

Por favor, envíe sugerencias sobre este libro a:
comentarios@whitakerhouse.com.

En caso de tener alguna pregunta, por favor escríbanos a
permissionseditor@whitakerhouse.com.

Este libro se ha producido digitalmente en una especificación estándar con el fin de asegurar su disponibilidad.

# DEDICATORIA

A mis hijos, Júlia, José y Joaquim.

De cierto les digo que ustedes cargan
el mayor poder del mundo.

Gracias por inspirarme para este libro.

Papá los ama mucho.

# AGRADECIMIENTOS

A Whitaker House, por creer que el mayor poder del mundo necesita ser conocido por todos, y por publicar esta obra.

A Xavier Cornejo, amigo e incentivador de mi carrera como escritor.

A mis editores, Daniel Brunet (hermano querido), Ofelia Pérez, Michelle Juárez y Magno Paganelli, quienes me ayudaron mucho con la revisión de los textos.

A mis padres, Darío y Fani, quienes me enseñaron que si tengo el mayor poder del mundo, lo tengo todo.

A mi esposa Jeanine y a mis hijos, que son mis primeros y principales lectores.

Gracias a Dios y al Espíritu Santo, que me inspira y capacita para toda buena obra.

# CONTENIDO

# PRÓLOGO

Nunca, al concluir un libro, soy del mismo tamaño. Leer me hace crecer y eso fue exactamente lo que pude experimentar en *El Mayor Poder Del Mundo*. El libro que sostienes entre tus manos no pretende más, ni tampoco menos, que ser un muestrario... un prodigioso catálogo de las fuerzas que rigen el mundo y redactan nuestra historia, la de nuestra vida individual.

Tiago Brunet nos propone un apasionante viaje cargado de suspenso y que cuenta con giros inesperados, a lo largo del cual descubrirás que en esto que llamamos vivir hay cosas buenas, luego están las importantes y por fin, las que de verdad importan. El autor nos ayuda a distinguirlas para incorporarlas a nuestra vida. Es lógico entonces que cuando concluyas la lectura no seas el mismo que antes.

Enseguida notarás que Tiago Brunet no redacta frases, sino que pinta cuadros. Su pluma se convierte en pincel que dibuja ante el lector bellísimas imágenes en las que uno puede sumergirse, bucear y encontrar auténticos tesoros que enriquecen nuestra vida llenándola de propósito. Con ese hábil recurso literario, Tiago nos revela al maestro que lleva dentro: el que va presentando conocimiento a medida que el buen discípulo lo asimila, para descubrir al final la máxima pieza de sabiduría. Así es el suspenso que crea con sus imágenes y su pincel.

Debo anticiparte que cada página te confrontará y finalmente te verás ante la obligación de elegir entre un cielo de excelencia o el fango de la mediocridad. ¿Querrás seguir siendo el mismo o, por el contrario, incorporarás a tu vida esos poderes que te transformarán? Una de las cosas que me cautivan del autor es que no considera alcanzado el objetivo porque su lector cambie, sino que nos mueve a convertirnos en agentes del cambio que afecten la vida de otros.

El autor es honesto al recordarnos que sobrevivir es casi gratis, pero vivir no lo es, y adquirir esos factores que convierten la supervivencia en auténtica vida no es barato, pues el trueque no admite valores tangibles, sino la moneda más cara que existe: nuestro tiempo, es decir, nuestra vida. Pero finalmente descubrimos que tal inversión proporciona un rendimiento extraordinario. Vale la pena entregar las valiosas gemas que son los segundos, minutos, días, semanas, meses y años para adquirir ese mapa del tesoro que nos conduce a la cumbre.

Cada uno de los ocho poderes que este libro nos muestra se convierte en un peldaño para surgir del barro y alcanzar la cumbre, y a medida que ascendemos, página a página, descubrimos que el aire es más puro, la vista más extasiante y el silencio de la altura se va cargando de mensajes que nos transforman. El peldaño final es, sin duda, el más importante. Tiago Brunet deja lo primordial para lo último, con el objetivo de que quede lo primero en nuestra memoria. Ni entregando nuestro tiempo, ni exponiendo nuestra vida podemos adquirir el Mayor Poder del Mundo porque no está en venta. Pero quien logra tenerlo, jamás será el mismo.

Querido lector, te recomiendo que busques un lugar tranquilo y serenes tu alma para participar de estas líneas. Detén tu reloj y disfruta porque estás a punto de sumergirte en un viaje del que surgirás transformado.

Sin más, damas y caballeros, les dejo con Tiago Brunet y *El Mayor Poder del Mundo.*

José Luis Navajo
Autor, *El Contador de Historias*

# INTRODUCCIÓN

## EL MAYOR PODER DEL MUNDO

Este libro no es una obra científica. No pretendo ser dueño de los descubrimientos que revelaré, ya que son resultado de una observación detallada de la vida de personas exitosas, de meditación profunda en la sabiduría bíblica milenaria, y del conocimiento empírico de un apasionado por el desarrollo personal y la espiritualidad.

Entrevisté a cien líderes mundiales de diversos segmentos y creencias para escribir el concepto de mi libro anterior. Luego, me di cuenta de que descubrir tu ICP o Idea Central Permanente, tu propósito de vida, es el inicio de una jornada para adquirir el "mayor poder del mundo".

Este poder, el más grande, es la clave que abrirá las puertas que encontrarás cerradas rumbo al lugar que tanto sueñas.

En esta intensa investigación, concluí que hay muchos poderes que rigen a la humanidad, por lo que una trayectoria exitosa no es obra del azar, sino el resultado de aprovechar dichos poderes. Y como mencionarlos todos resultaría una obra monumental, decidí seleccionar los ocho que considero más influyentes, los que tienen la capacidad de cambiar destinos.

Uno de ellos es una revelación simple de entender, pero extremadamente difícil de creer. Por eso, es necesario que mantengas la mente abierta para lo que descubrirás.

Este libro es complemento de mis obras anteriores, es decir que toda mi obra está vinculada y ofrece reflexiones que se integran. Lo percibirás si has pasado por el entrenamiento básico de *Rumbo al lugar deseado*, y si has conquistado lo que propongo en **Descubre tu propósito**.

Si sueñas con algo imposible,

Si realmente deseas una vida de paz,

Si vienes de un pasado difícil, pero no tienes duda de que el futuro es tu lugar,

Si realmente quieres disfrutar de una vida próspera en las finanzas y las relaciones,

Si quieres marcar la historia con una vida extraordinaria,

Si eres altruista y generoso,

Si deseas conquistar logros para convertirte en facilitador en la vida de otros,

Este libro está dedicado a ti. Léelo con toda tu atención, de manera que sea una prioridad en tu jornada y verás que muchas situaciones comenzarán a cambiar a partir de ahora.

Lee, no te detengas hasta que cada uno de los ocho poderes que te revelo esté claro en tu mente y en tu corazón, ya que los necesitarás en tu larga caminata en esta tierra. Cuando logres desarrollarlos, nada será imposible para ti.

Funcionó conmigo, por eso, quiero revelártelo como si fuera el mapa que te llevará a descubrir valiosos tesoros:

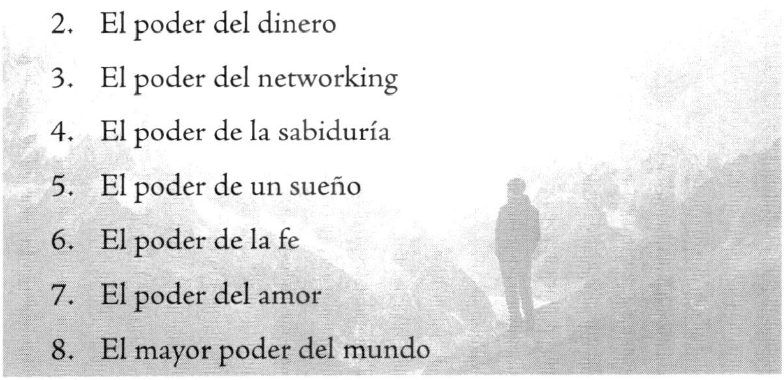

1. El poder de la información
2. El poder del dinero
3. El poder del networking
4. El poder de la sabiduría
5. El poder de un sueño
6. El poder de la fe
7. El poder del amor
8. El mayor poder del mundo

Piensa ahora en un gran hombre, Nelson Mandela (1918-2013), quien vivió 27 años en la cárcel, excluido, vigilado, pero al salir de la penitenciaría de Robben Island, se convirtió en el primer presidente negro de Sudáfrica, donde mataban, aislaban y discriminaban a las personas de raza negra.

Mandela se convirtió en uno de los hombres más poderosos y memorables de la historia. ¿Cuál de los poderes que menciono conquistó? ¿Cuál provocó que se le abrieran puertas ultra blindadas?

También pensemos en otro hombre, José, el hebreo que vivió cerca de 1.600 años antes de Cristo. Él fue vendido por sus hermanos como esclavo, y años después se convirtió en uno de los gobernantes más influyentes del Egipto antiguo.

Estos hombres, y no solo aquellos que se destacaron en la vida pública como administradores o gobernantes, hicieron de la historia una herramienta a su favor. Las biografías de ellos nos inspiran, nos enseñan, nos estimulan, nos hacen creer que es posible cambiar nuestro rumbo, tomar un camino diferente, sin importar cómo ha sido tu vida hasta ahora.

Seguramente te preguntas de qué forma es posible lograrlo. ¿Hay algo diferente en esas personas?

Sí, hay un secreto. Son principios que si se cumplen, transforman a hombres comunes en personalidades inolvidables. ¡Eso es lo que diferencia a los seres humanos aquí en la tierra! Créelo; ellos llevan un poder inestimable dentro de sí.

Según mis investigaciones y experiencia de vida, hay poderes en este mundo que es posible conquistar o más bien "adquirir" con cierta moneda que voy mostrarte.

Sí, querido lector, estos poderes pueden llevar muy lejos incluso a alguien que pareciera sin futuro porque tienen el potencial de conducir al ser humano a la "cumbre de la montaña", como dijo Martin Luther King Jr. en su último discurso.

José de Egipto (ver Génesis 37) es un excelente ejemplo de lo que afirmo, ya que conquistó los poderes que son la esencia de esta obra y disfrutó de una vida extraordinaria, a pesar de los tiempos difíciles.

Durante su adolescencia, José usó el poder de un sueño. Cuando estuvo en la cárcel, él utilizó el poder del *networking*. Más tarde, cuando llegó al palacio, usó el poder de la sabiduría. En la fase adulta, usó el poder del dinero. Cuando trajo a su padre a Egipto, donde reinaba, usó el poder de la información.

Observa cómo una persona puede disponer de un tipo específico de poder en situaciones diferentes, en momentos distintos de su vida, para alcanzar objetivos igualmente diversos.

Algunos utilizaron el poder de la sabiduría para construir una empresa, y el poder de la información años después cuando fueron a ampliarla. Otros usaron el poder del amor para comenzar una organización sin fines de lucro, y el poder del *networking*, ya en otra época, para poder mantener vigente su obra.

Me parece fascinante la posibilidad de transitar entre mundos tan diferentes como la prisión y el palacio, como en el caso de José, y saber qué tipo de poder será la clave que abrirá las puertas de cada lugar.

> “Recuerda: ¡para cada puerta hay una llave!
> Para cada fase de la vida, hay un poder.”

Tú necesitas saber cuáles son las armas necesarias para cada etapa de tu vida, y conquistarlas cueste lo que cueste.

Pero al usar esa arma que aquí llamamos PODER, harás cosas de forma diferente a la que estás acostumbrado. Sí, muchas cosas cambiarán para mejor.

Escribirás tu historia y no dejarás que otras personas la escriban. Como dice el psiquiatra y escritor brasileño Augusto Cury: "Usted será el actor principal del teatro de la vida".

Por meses y meses, solo pensé en cuál, realmente, sería el mayor poder del mundo y cómo conseguirlo.

¿Será que estaría disponible para cualquiera?

¿Sería más costoso que los otros poderes de este mundo?

Estudié el comportamiento de algunas personas relevantes en la actualidad; analicé con atención algunos líderes mundiales, y entrevisté a autoridades nacionales e internacionales que seleccioné por cómo se han destacado.

En seguida, hice de todo para acercarme a esas personas y conseguir la respuesta a la pregunta: "En su opinión, ¿cuál es el mayor poder del mundo?"

Escuché respuestas que valen más que oro. Y te las revelaré en las próximas páginas.

De una cosa estoy convencido:

> No importa de dónde viniste,
> pero sí hacia dónde vas.

Muchas personas que hoy son relevantes, con una vida extraordinaria, superaron un pasado difícil. Con los poderes que te revelo en este libro, tu pasado jamás gobernará tu destino. ¡Créelo!

**Los poderes**

En nuestro tiempo, las personas atentas saben que la información puede colocarlas al frente de los demás. Tener la información correcta hace la diferencia.

Imagínate: para un inversionista del mercado de capitales, ¿cuánto valdría (y cuánto podría ganar) si supiera antes que todos, cuál será la variación del dólar en determinado día o período? Imagínate, en el mercado de bienes, qué importante sería saber las acciones de cuál empresa tendrán mayor valor en el futuro.

La información tiene un valor inestimable. Vale tanto, tanto, que obtenerla de forma privilegiada y fraudulenta se convierte en un crimen federal.

Sabemos, por ejemplo, por medio de la inteligencia bíblica, que *«el dinero sirve para todo"* (Eclesiastés 10:19). Quien tiene dinero consigue estar en los mejores eventos, en los mejores lugares y en las mejores fiestas. Con dinero, se obtiene comodidad y se abren muchas puertas. El dinero es un gran facilitador para la vida.

Pero las Escrituras también afirman que la fe mueve montañas. Todos lo han escuchado algún día. ¿Y qué es la fe? Aquello que te lleva a creer cuando estás en apuros, o te hace ver algo que aún no existe.

Por fe y con mucho amor, Madre Teresa de Calcuta salvó a una generación entera de hambrientos y enfermos en la India. Madre Teresa no tenía dinero para financiar un gran proyecto de transformación. Entonces, ¿cómo entró en la historia?

Ella adquirió otros poderes durante su vida. Invirtió la moneda de esta generación, el tiempo, en adquirir lo que importaba para la fase de la vida en la que se encontraba. No tenía dinero, pero tenía amor para dar a quien necesitaba, y fe para seguir adelante.

La Biblia dice que *"el amor jamás dejará de existir"* (1 Corintios 13:8). Es el amor lo que hace a padres y madres sacrificarse para dar a sus hijos lo mejor. Una madre puede pasar hambre para que su hijo coma. Todo por amor.

Una buena red de relaciones (*networking*) puede llevar a una persona a sentarse en las mesas donde las estrategias correctas serán tomadas, y cambiarán su historia.

Un alto ejecutivo de Coca-Cola me contó que un buen *networking* es mejor que un buen currículum, y admitió que él no había llegado a ocupar el cargo de liderazgo que desempeñaba en la empresa debido a sus estudios, o por su formación, sino porque fue recomendado por alguien que conocía. Es decir, alguien de su red.

Sadrac, Mesac y Abed-nego, judíos esclavos en Babilonia, se convirtieron en jefes de los negocios del imperio babilónico, no por su historia laboral o su formación académica, sino por ser parte de la red de relaciones de Daniel (ver Daniel 2:49).

De nuevo, la Biblia es valiosa porque nos recuerda que la sabiduría es primordial. Con sabiduría es posible evitar guerras y tragedias. Con sabiduría es posible hacer justicia, lograr elecciones correctas y atraer seguidores. Un sabio pobre vale más que un rico sin conocimiento.

La historia también nos muestra que los sueños tienen un potencial increíble. Son como analgésicos contra los dolores de la vida. Martin Luther King Jr., el admirado líder que luchó por los derechos civiles de los afroamericanos en Estados Unidos, declaró en su discurso más famoso que tenía el sueño de vivir en un mundo con más igualdad. Eso lo llevó a liderar multitudes y vencer batallas contra el racismo.

Este fue el mismo caso de José en Egipto. Ambos sufrieron injusticias y sufrieron pérdidas. Sin embargo, quien tiene sueños por cumplir no siente los dolores de la vida de la misma forma que las personas sin sueños y anhelos. Aquellos que tienen sueños son más resistentes al dolor, las críticas y las contrariedades de la vida.

Yo he mencionado siete poderes a nuestra disposición, pues el octavo es un regalo divino. No está disponible en los estantes del mercado de la vida.

Al poseer los siete poderes, obtenemos un impulso extra que nos permite llegar a lugares inimaginables. Estos poderes hicieron la diferencia en la vida de pequeños hombres que hicieron grandes cosas, y son los poderes que me han llevado hasta donde estoy ahora.

Te comparto en estas páginas lo que he vivido y experimentado, no solo el hallazgo de mis investigaciones y estudios.

A través de la inteligencia bíblica, descubrimos que siete poderes son importantes para nuestro crecimiento horizontal en la Tierra. Si tuviéramos uno, tan solo uno de ellos, conquistaríamos muchas cosas.

> Graba esto en tu mente: El Mayor Poder del Mundo te basta.

¿Cuál fue la diferencia real entre Martin Luther King Jr., y Malcolm X? Ambos eran afroamericanos, contemporáneos y luchaban por la misma causa, pero, ¿quién ganó el Premio Nobel de la Paz? ¿Cuál de ellos tiene un día festivo en su honor en Estados Unidos? ¿Quién permanece en la memoria del pueblo como un verdadero héroe?

Si descubres la diferencia entre el Dr. King y Malcolm, sabrás, incluso antes de leer el último capítulo de este libro, ¡cuál es el Mayor Poder de todos!

Descubrirás el secreto si descubres por qué Noé fue el elegido para recomenzar el mundo; por qué Jacob, incluso dejando de lado la herencia de su padre, se transformó en un hombre con grandes riquezas, a pesar de que lo único que tenía era un bastón.

Si descubres cómo alguien como yo, pésimo estudiante en la escuela, pecador, diagnosticado con déficit de atención y otros trastornos, con mal carácter y sin ningún atractivo físico, se hizo relevante en la sociedad, con una familia feliz, autor internacional de éxitos de ventas, y uno de los oradores más solicitados del país, sabrás rápidamente cuál es el Mayor Poder del Mundo.

Este, el octavo poder, es el fundamento para una vida extraordinaria. Los siete primeros poderes de los que hablo son indispensables y solamente pueden adquirirse con la moneda de esta generación: el tiempo.

> “Prepárate. Estás a punto de descubrir el Poder de los Poderes.”

# PREÁMBULO

## LA MONEDA MÁS VALIOSA: EL TIEMPO

Hay una valiosa moneda que "compra" todos los poderes existentes. Y como dije, esta moneda está disponible para ricos y pobres, porque no es dólar, euro, real, oro, ni *bitcoin*. Esta valiosa moneda se llama tiempo. Al comprenderlo, te sentirás como si alguien estuviera quitando una venda de tus ojos. A partir de entonces, verás todo diferente.

Tal vez, hasta este momento no tenías idea del secreto oculto en la rutina de las personas exitosas, pues ahora te lo revelo: utilizan la moneda tiempo estratégicamente. El tiempo tiene más valor que cualquier otra moneda.

Es con tiempo que "compras" tu salario. ¿Ya te detuviste a pensar que inviertes horas de tu día para recibir un valor por tu trabajo cada fin de mes?

El mayor gimnasta de la historia, medallista de oro en las Olimpiadas, no pagó un millón de dólares para convertirse en el número uno del mundo. ¡Lo que hizo fue invertir de diez a doce horas de su día, durante años, para convertirse en el mejor de todos! Este dato es impresionante cuando lo comprendemos. Obtendrás resultados en aquello en lo que inviertas tu tiempo.

¿Qué moneda utilizas para comprar, por ejemplo, un buen matrimonio? Otra pregunta, al final de tu vida, cuando veas al pasado, ¿cómo te gustaría ser recordado? Más aún, ¿qué recuerdos desearías llevarte? Y lo que es más importante: ¿qué dejarás en los demás? ¿Cuál será tu legado? A lo que dediques tiempo será lo que podrás contar como tus historias y conquistas.

Todos llevamos la moneda "tiempo" en los bolsillos durante nuestra jornada terrenal, sin importar si tenemos mucho o poco dinero. Al tomar conciencia de que el tiempo es una moneda, inmediatamente te darás cuenta de cuán grande es la responsabilidad de pensar en cómo gastarlo.

En el transcurso de nuestra caminata por la vida, tú y yo podemos adquirir los poderes que mueven el mundo, estos que he mencionado. Sin embargo, el mayor poder del mundo no se puede comprar.

Así es, este otro poder, lo creas o no, es gratuito. Para comprar uno o más de los siete poderes, necesitarás organizar tu mente y usar tus manos. En otras palabras, debes invertir inteligencia y trabajo. Para conquistar el mayor de todos los poderes, necesitarás tan solo tu corazón.

El tiempo es una poderosa moneda de inversión, pero puede ser un enemigo si es mal utilizado. De acuerdo con mis investigaciones, hay dos diferencias principales entre un rico y un pobre:

1- nivel de conocimiento

2- cómo administra el tiempo

Lamborghini, empresa italiana que fabrica autos de lujo, al lanzar su último modelo, renunció a anunciarlo en la televisión.

¿Por qué? Quien compra Lamborghini, por lo general, no pasa tiempo viendo la televisión. ¡Simple!

Observa que la mayoría de los anuncios de un comercial de televisión son para el público de ingresos medianos o bajos. ¿Hay un misterio ahí? ¡Sí!

El tiempo tan solo es dinero para quien tiene dinero. Para quien no tiene dinero, el tiempo es algo que pasa.

Cuando digo que algunos de los poderes que rigen el mundo tendrán que ser comprados con la moneda tiempo, y no con dinero, es a causa de versículos milenarios como este:

> *"Así que la fe es por el oír, y el oír, por la palabra de Dios"* (Romanos 10:17).

¿El escuchar cuesta dinero o tiempo?

¡Y la fe es un súper poder!

Mentes brillantes del mundo de los negocios ya declararon que somos el promedio de las personas con quienes convivimos, de los libros que leemos y de los viajes que hacemos.

Convivir con personas requiere TIEMPO. Leer requiere TIEMPO. Viajar, además de dinero, exige TIEMPO. Todo lo que quieras SER o TENER requiere la inversión de esta valiosa moneda. Sin ella, tu objetivo no se materializará.

Dios, según la Biblia, es el dueño del oro y de la plata. Y el oro y la plata, la mayoría de nosotros los tenemos. Si estás casado, probablemente tienes un poco de oro en el dedo anular de tu mano izquierda. Pero las Escrituras también afirman que Él es el dueño del tiempo. Y sobre esto Él impuso un límite. Los seres humanos pueden tener todo el oro que deseen, pero no todo el tiempo, porque es limitado.

Dios vive en la eternidad, y nosotros tenemos los días contados. Entonces, ¿cuál es la moneda más valiosa, más fuerte de la Tierra? Es aquella que puede comprar los poderes que la rigen.

Comienza a leer el libro con este entendimiento: una vida extraordinaria es aquella que abandona sus deseos y objetivos personales, y transforma la vida de todos a su alrededor, a través de los poderes adquiridos durante su jornada en este mundo.

Paz y prosperidad.

# 1

# EL PODER DE LA INFORMACIÓN

"La información vale como el petróleo en décadas pasadas."

Seguro que has visto muchas películas o series de televisión que hablan sobre el PODER. Pero tal vez no hayas reparado en lo que convierte en poderoso al personaje principal, a una persona o un agente; cuál es el centro del poder.

Por ejemplo: si has visto "Narcos", una premiada serie de Netflix que cuenta la historia de Pablo Escobar, el ex jefe del Cártel de Medellín, notarás cuánto tiempo y dinero invirtió para obtener información privilegiada que pudiera usar a su favor.

Escobar sabía, antes que todos, datos útiles que usaba en su beneficio. Tenía conocimiento de dónde estaría la policía ejecutando un *blitz* (control o redada), quién sería el próximo juez de la ciudad, las fechas en las que el avión con cargamento de drogas llegaría y lo que el cártel enemigo estaba planeando en la región.

Toda la información era necesaria para que ampliara su poder, y tuvo éxito hasta el día en que la policía colombiana le disparó en el techo de una casa, poniendo fin a la carrera de uno de los mayores criminales sudamericanos. Es lamentable que las personas usen los poderes para hacer lo malo, en lugar de servir a la humanidad.

Pero también la Agencia Central de Inteligencia (CIA por sus siglas en inglés) vive de información. Personas como el terrorista Osama Bin Laden no fueron atrapados por suerte, sino por información certera, producto de años de investigación.

El ejército de Israel, los infantes de la marina estadounidense y cualquier grupo militar que se destaca, invierte más en la inteligencia (información) que en artillería. ¿En qué inviertes? Nuestras inversiones ayudan a definir nuestro futuro.

Cuando un bandido está prófugo, se distribuyen carteles que ofrecen recompensa: "Pagamos... por información que ayude a la captura de..." De la misma forma, en la trilogía "El Padrino", cualquiera que llevara información relevante a Don Corleone era muy bien recompensado.

No solo en aquella época, principios del siglo XX, la información era moneda de mucho peso en el mundo de los negocios. Ahora es más importante aún, ya que vivimos en la llamada Era de la Información. En nuestros días, conquistar y mantener el poder dependen de informaciones, preferentemente exclusivas.

La información también te da velocidad y seguridad. ¿Recuerdas cuando íbamos a un lugar desconocido sin GPS?

Nos deteníamos en cada esquina para pedir información; el sentimiento de inseguridad o de que llegaríamos tarde a nuestro destino era constante. Sin contar que no había cómo descubrir dónde encontraríamos atascos y accidentes en la ruta. Las aplicaciones de GPS facilitaron tu vida porque brindan información por adelantado.

Te dicen a qué hora llegarás, te sugieren la mejor vía para evitar congestionamientos, te indican si hubo algún accidente y hasta paradas, todo para favorecer tu avance.

¿Cuánto pagas por la aplicación *Waze* o *Google Maps*, por ejemplo? Nada, ¿correcto? En realidad, sí pagas. Ellos te dan información y pagas con información. Esa es la moneda. Tu información personal se registra en estas aplicaciones, y para ellos es más que suficiente.

> “Todo hombre en busca de poder paga caro por obtener información.”

La información es algo tan importante y esencial en los negocios y en la vida, que obtener datos privilegiados que sirvan para perjudicar a un competidor se convierte en crimen.

En los últimos años, un mega empresario brasileño, entonces presidente de un enorme grupo empresarial que controlaba grandes frigoríficos, fue acusado de obtener ganancias excesivas en el mercado de capital debido a la declaración que había hecho a la Operación Lava-Jato de la Policía Federal. Él sabía que su divulgación sacudiría el mercado de acciones, entonces, antes de eso, actuó a su favor.

Pero incluso antes de la Era de la Información las cosas ya eran así, de modo que eso justifica que la información sea uno de los poderes que rige el mundo. Las personas siempre tienen algo que ganar cuando obtienen preciosa información.

Cierta vez, escuché la historia de un joven emprendedor que tenía cerca de R$5 mil para invertir en algún negocio. Su sueño era abrir una tienda de artículos deportivos. Parecía que todo se alineaba para que lo lograra, porque un amigo de infancia que trabajaba en la intendencia de la ciudad se le acercó para comentarle sobre un proyecto recién aprobado: la construcción del primer gran centro comercial de la región. El joven, casualmente, recibió una información gratuita. Decidió aplazar el sueño de la tienda y comprar un pequeño terreno en la región donde se construiría el centro comercial. Le costó R$4,500.

Dos años después, aquel terreno valía quince veces más y el joven montó su tienda dentro del propio centro comercial sin deber nada a nadie. ¿Cuántos años le hubiera tomado a este soñador lograr su objetivo sin esa preciosa información que le llegó en el tiempo justo?

Hay campañas médicas que usan el lema: "La información es el mejor remedio". Eso refuerza que estar informado sobre las causas de las enfermedades puede prevenir hasta 67% de ellas.

Hay personas que contrajeron el virus del SIDA porque no tenían información sobre la importancia de usar preservativos para protegerse. Un dato puede librarte de la muerte.

Los letreros que dicen: "¡No pasar, PELIGRO!" nos libran de accidentes.

En el caso de David, el famoso personaje bíblico, el rey Saúl tenía la intención de matarlo. David estaba viviendo días de completa tranquilidad y seguridad, pues jamás imaginaba que su rey y suegro fuera a intentar tal cosa. Pero Jonatán, su mejor amigo y cuñado, le dio una poderosa información: *"Saúl mi padre procura matarte; por tanto cuídate hasta la mañana, y estate en lugar oculto y escóndete"* (1 Samuel 19:2).

¿Qué sería de la nación de Israel si esa información no hubiera llegado a tiempo para David?

El propio David no hacía nada sin recoger información antes. En su caso, él consultaba a Aquel que ya había visto el futuro.

Primera de Samuel 30 relata que el futuro rey, aún fugitivo y forastero, llegó a Siclag, la ciudad donde se escondía y descubrió que fue saqueada por los amalecitas, pueblo enemigo, y que sus esposas e hijos fueron secuestrados. La ciudad era un caos de violencia y dolor por las pérdidas. Estaban a punto de tomar piedras para amenazar a David.

Fue en esta lectura que descubrí uno de los secretos del éxito de David: la capacidad para obtener información confidencial. Esa herramienta le daba asertividad y contribuyó con su longevidad.

David, incluso bajo presión emocional por la pérdida de la familia y los bienes, aun con amenazas de muerte, antes de tomar cualquier decisión, buscó información.

Pidió al sacerdote el manto de oración y consultó al Señor:

> *Y David consultó a Jehová, diciendo: ¿Perseguiré a estos merodeadores? ¿Los podré alcanzar? Y él le dijo: Síguelos, porque ciertamente los alcanzarás, y de cierto librarás a los cautivos* (1 Samuel 30:8).

Al leer esto, me di cuenta de otra función de la oración:

> “¡Orar es consultar a Quien ya vio tu futuro!”

En aquel día, David recuperó todo lo que había perdido, pues antes de desesperarse, prefirió informarse.

"La opción solo es real cuando se tiene información... Nadie puede decir que es libre de ir donde quiera solo si conoce el camino." –Tiago Brunet

## El nuevo petróleo

### Información y negocios

No tengo duda de que la información es el activo más valioso de una economía. Algunas revistas de negocios la están llamando el "nuevo petróleo".

¡Eso mismo! Tal cual es el valor que le dan a la información. Solo que los nuevos jeques son los empresarios digitales como Jeff Bezos, Mark Zuckerberg, Elon Musk, Tim Cook, Larry Page y otros multimillonarios que manejan la información como el bien más preciado que pueden negociar. Y la maravilla es que lo valioso para ellos es la información sobre ti.

*Facebook* compró la aplicación *WhatsApp* por unos 16.000 millones de dólares. Ya que esta aplicación es gratuita, ¿por qué pagar tanto por un servicio cuya descarga no se cobra? Bueno, ¡ahí está el poder!

Aplicaciones como *WhatsApp* y *Facebook* saben mucho, o casi todo, sobre ti: lo que te gusta, los lugares donde has estado y qué tipo de consumidor eres. Por eso, algunas empresas invierten millones para anunciarse en *Facebook* y dirigir el anuncio, por ejemplo, para "personas de veinticinco a cuarenta y cinco años, que estén casadas, cristianas y vivan en Río de Janeiro, Brasil". Impresionante, ¿no?

La red de tiendas por departamentos *Target*, de Estados Unidos, pagó millones de dólares para recopilar la información sobre el comportamiento de sus clientes. En dieciséis meses, concluyeron que quienes gastaban más y sin discutir precios eran los padres primerizos. La investigación reveló que se quedan bajo un efecto emocional tan poderoso que compran todo y lo más caro por el impulso afectivo de tener a su primer bebé.

Con esa información, *Target* invirtió en un sector más grande para hijos y padres primerizos. Resultado: triplicó sus ventas.

**Conseguir la información correcta**

Aprendí sobre el poder de la información de varias maneras. La primera fue cuando estaba absolutamente quebrado financieramente, con una enorme deuda por pagar, abandonado por los "amigos" y siendo la burla de los "enemigos".

Mi esposa y yo decidimos invertir los últimos centavos que teníamos para recopilar información del negocio que pensábamos iniciar. Hice una lista de habilidades personales y descubrí que yo:

- hablaba bien en público
- tenía talento y paciencia para escribir
- dominaba las herramientas del *coaching*
- tenía una excelente red de contactos

Estas habilidades eran fruto de una preparación inconsciente, no intencional durante la vida. Uní esas habilidades a estudios formales, esta vez totalmente intencionales, y lecturas objetivas que apliqué en mi día a día. Reuní algunos diplomas que había conquistado y los sumé a la experiencia de superación que estaba atravesando.

En poco tiempo, fueron llegando, llegando, llegando resultados positivos. Luego, concluir que debía fundar un instituto de liderazgo y coaching no fue difícil.

Nos **desenfocamos por el dolor**, la necesidad, el escarnio, el sufrimiento y privación que estábamos pasando, así que usamos nuestras fuerzas para **enfocarnos** en conseguir la información que necesitábamos para no equivocarnos en la próxima etapa de nuestra vida.

Sí, la información estaba incluida en el *top five* de las cosas que me sacaron del pozo de las dificultades. El siguiente paso fue utilizar los recursos disponibles para descubrir quiénes necesitaban y pagaban por *coaching*. ¿Qué tipo de empresas o instituciones necesitaban actualizar el liderazgo? ¿Cuáles eran las necesidades reales del ser humano del siglo XXI? Y fue con esa información en la mano que dimos un tiro certero con el Instituto Destiny.

Hay muchas situaciones que nos permiten ver más allá de lo que está delante de nosotros. Enfocarse es importante, pero saber lo que está sucediendo en las "cercanías" significa tener información preciosísima cuando se necesita.

Es valioso notar que la información provoca que el *crack* de fútbol mire hacia el lado izquierdo y dé el pase a su compañero que está al lado derecho, confundiendo a la defensa del otro equipo para tener más posibilidades de gol. Tú tienes un enfoque y también tienes información relevante de lo que no se ve.

Con tanta búsqueda, percibí que la información viene de todo lugar: un vecino que te cuenta una historia, una serie de TV que ves, un libro que lees o videos en Internet, periódicos impresos y muchas más fuentes de datos.

Nuestro cerebro es como un disco duro de computadora que registra todo lo que perciben los cinco sentidos, en particular, la audición y la visión. Por ello, es fundamental ser selectivo con el tipo de información que se recibe, porque afecta nuestro equilibrio emocional y aumenta el conocimiento específico, por lo que debemos evitar que se sature nuestro disco duro con información innecesaria.

> Si quieres ser efectivo, elimina
> toda la información inútil.

En vez de entretenerte con una telenovela, invierte la moneda de esta generación, el tiempo, en algo productivo. Asiste a una conferencia o mira un documental que añadirá información necesaria para el cumplimiento de tu propósito, para fortalecer tu ICP. ¡Cuidado, no pierdas tiempo en cosas que no agregan información relevante!

> ENTENDIMIENTO siempre será
> mejor que ENTRETENIMIENTO.

Consciente de eso, decidí invertir mi moneda más preciosa en la búsqueda del mayor poder del mundo, sin tener la mínima idea de que ya lo llevaba dentro de mí.

> Solo utilizas lo que ya sabes que tienes.
> Quien no sabe lo que posee, adormece
> las posibilidades del futuro.

Entonces, hice una lista de los objetivos y las metas que debía dedicarme a alcanzar para llegar al resultado que esperaba. Entre tantas cosas que decidí hacer, tenía la misión de entrevistar, en todo el mundo, a hombres poderosos con influencia y logros comprobados, y aceptados por los líderes actuales. ¡Nada fácil!

Mi lista de los hombres que consideré más poderosos no enumeraba a personas que formaban parte de mi rutina. ¡No! Ellos eran hombres que aparecen en los noticieros y, a veces, son tan poderosos que no aparecen en ningún lugar; quienes figuran son sus asesores y secretarios.

Cuando me propuse escribir la lista de hombres poderosos que deciden el destino de millones de personas, que dictan normas, crean modelos, formulan paradigmas sociales aceptados y adoptados en uno o más países, las imágenes de ellos vinieron a mi cabeza casi instantáneamente.

Solo para que tengas una idea de cuán audaz fue la lista que escribí, el primer nombre era el de un banquero brasileño, uno de los hombres más ricos de América Latina. El nombre de ese "gurú de las finanzas" no salía de mi mente. Después de todo, los bancos son poderosos. ¡Guardan fortunas y secretos que saben multiplicar como nadie!

Los bancos saben y ven lo que no sabemos ni vemos sobre las personas poderosas. ¿Eso te dice algo?

Una empresa puede expandirse extraordinariamente, abrir filiales en varios países y continentes, pero el sistema bancario es una trama que interconecta a los demás globalmente, y puede sobrepasar la expansión de la empresa más poderosa del planeta.

Entonces, veamos: Brasil enfrentó una severa recesión en la segunda mitad de la década del 2010. En esa época, el país tenía una población de poco más de 200 millones de habitantes, y en ese período de recesión, llegó a tener cerca de 14 millones de brasileños desempleados.

Fueron días tristes cuando tiendas, oficinas y fábricas cerraron sus puertas. Las pequeñas y medianas empresas desaparecieron. El caos fue grande en el sector comercial, en la industria y en los servicios. Hubo acumulación de deudas; muchas familias perdieron su casa, autos y bienes. La carestía fue perceptible. Un segmento de la sociedad volvió a cruzar la línea de pobreza, lamentablemente.

Ahora, la información que ya debes saber, pero que aún nos impresiona: en 2016, con todo ese declive económico general, los bancos tuvieron ganancias.

Para tener una idea más precisa de que no se trató de un beneficio simbólico o pequeño en relación con años anteriores, los cuatro mayores bancos del país cerraron el año fiscal de 2016 con R$50,29 mil millones de beneficio neto (deducidos todos los gastos), de acuerdo con datos de Economática, una empresa de información financiera.

En la crisis económica brasileña, con la quiebra general y el desempleo en niveles elevados, los bancos se mantuvieron fuertes. Debía haber un poder que asegurara ese blindaje. Yo necesitaba saber cuál era ese poder, de dónde provenía ese vigor, solidez o lo que fuera.

Si el sector bancario pasa tranquilo por una de las mayores crisis de nuestra historia, ese sería el primer lugar donde buscaría la respuesta a mi pregunta. Y fue hojeando una revista de negocios que llegué al nombre del banquero que escribí en la parte superior de mi lista. Ciertamente, el poder del dinero sería la causa de ser indestructibles, incluso en esta crisis.

Tuve la convicción de que un día, aquel hombre me ayudaría a encontrar una respuesta y ahora la tengo conmigo. El proceso fue largo. Definitivamente, no es fácil conseguir dos minutos de reunión con uno de los hombres más ricos de América Latina. Busqué quién pudiera ponerme delante de aquel banquero. Siempre he estado bien relacionado. Era un poder que ya tenía. ¡Mi red de contactos era gigante!

Convencido de que habría alguien en mi círculo de relaciones que podría lograrlo, tracé una estrategia: siempre que conversara con grandes empresarios, con artistas y con otras personas influyentes con las que habitualmente me encontraba, haría algún elogio al tal banquero. Así podría provocar una respuesta del tipo: "Ah, yo lo conozco" o "Sí, realmente es así", o "Estuve con él hace poco".

Mi conversación con las personas podía tomar cualquier rumbo, podía ser sobre cualquier asunto, que yo encontraba una manera de encajar el comentario: "Es como dijo el banquero en una entrevista que leí..."

De tanto insistir podían suceder dos cosas, alguien desconfiaría o lograría mi objetivo. En un almuerzo con empresarios, después de decir algo sobre el número uno de mi lista, alguien comentó: "Él realmente sabe las cosas. Y es una persona maravillosa". Era lo que necesitaba oír. Había una señal de que alguien cercano conocía al banquero.

Después del almuerzo, me acerqué a aquel empresario, extendí la conversación con él y al final, le pregunté si podría pasarme algún contacto del banquero. "Me gustaría mucho hacerle una pregunta", expliqué. "Yo he visto a las personas buscarlo para todo, menos para hacerle una pregunta", dijo el empresario riendo.

Él tenía algo de razón. ¿Quién buscaría a semejante personaje para hacer una pregunta? Y "nuestro hombre" ciertamente estaba acostumbrado a recibir personas que necesitaban una gran inversión en sus negocios; políticos que necesitaban dinero para una campaña electoral; y gobernantes en busca de alianzas para impulsar las áreas sociales, de infraestructura y de cultura de las ciudades, estados y hasta del país.

¿Pero que alguien lo buscara para hacer una pregunta? Mi intención era algo particular, pero eso era todo lo que quería y necesitaba. El empresario terminó convencido, y me dio el número de teléfono de la secretaria del banquero. Pero advirtió: "Él está ocupado, no siempre está en el país. Mejor hablar con la secretaria".

¡Excelente! Aquel era el primer paso en mi búsqueda. Y como se trataba del nombre en la parte superior de mi lista, era alentador saber que de allí en adelante tal vez las cosas podrían ser más fáciles.

Como ya estábamos cerca del fin de semana, dejé la llamada para el siguiente lunes. Cuando la secretaria atendió el teléfono, mi euforia por la conquista golpeó a mi puerta otra vez. Sentí que estaba cerca del descubrimiento del poder que mantiene una institución a todo vapor, lucrando, creciendo, prosperando, mientras el mundo se disuelve a su alrededor.

Cuando pude hablar, tranquilamente, expliqué quién era y qué quería. El empresario con quien había almorzado, mi amigo personal, se había reído de mi necesidad de hacerle una pregunta al banquero, pero con él había confianza, con la secretaria no era lo mismo. Cuando hice mi solicitud, como era de esperar, a diferencia de mi amigo, no se rió. Solo dijo: "No".

Yo insistí, explicando que estaba escribiendo un libro sobre los poderes que rigen el mundo y su respuesta era fundamental para el éxito de mi investigación. Ella, entonces, reaccionó de manera diferente:

"Lo siento, señor Tiago. No entendí", dijo cortésmente. Repliqué: "Tengo que hacerle una pregunta y me gustaría que fuera personalmente". Eso era importante para mí. Era necesario ver la reacción de él, pues sus expresiones me harían entender mejor la respuesta.

No quería de él solo una frase o dos. Quería ver el impacto que la pregunta provocaría, su expresión facial, la dirección y reacción de sus ojos, si pasaría las manos por su cabello, si cambiaría de tema, si intentaría ocultar o disimular algo. En otras palabras, necesitaba estar frente a él.

De esa forma aumentaría las posibilidades de que me respondiera inmediatamente después de escuchar la pregunta y el factor sorpresa cumpliría su objetivo. Si la hacía por teléfono, y su secretaria transmitía la pregunta, el banquero podía negarse a responder, pedir un tiempo para pensar, o lo peor, la secretaria podía responder cualquier cosa en su lugar. Por supuesto que mi petición era más que inusual. Yo sabía eso.

La secretaria prometió llamarme para agendar una reunión. Entonces, me di cuenta de que realmente yo no necesitaba una reunión, no era mucho tiempo y si ella le pedía a su jefe algo así, tal vez se reducirían mis posibilidades de ser recibido.

Quince días después, no recibía respuesta. Pero como cité en el libro *Hacia el Rumbo Deseado*: "La paciencia es la virtud de quien sabe lo que quiere".

Decidido, volví a llamar. Al escucharme, ella dijo que me recordaba y se disculpó. La agenda del jefe estaba realmente llena. Dije: "Solo necesito un minuto". Eso era mucho menos que una reunión.

Ella, nuevamente, prometió devolver la llamada lo antes posible, pero no fue así. Entonces, establecí una rutina pro entrevista;

llamé sistemáticamente cada quince días, explicando una y otra vez mi objetivo, aclarando que sería algo rápido. También le recordaba que había logrado ese contacto con un gran empresario, pero ella me explicó que dicha persona no era realmente amiga del banquero, sino un conocido.

Tres meses después, creo que la secretaria ya estaba un poco incómoda. Yo le había demostrado que escribía libros premiados y que tenía cierto impacto internacional. No quería dinero prestado o tomarme una foto con él. ¡Solo quería hacer una pregunta!

Ahí se convenció y me dio un consejo: "El jueves de esta semana dará un discurso en una reunión para empresarios. Será en el centro de São Paulo. ¿Por qué no vas allí?". Inmediatamente respondí: "Voy. Sí, voy. ¿A qué hora llegará?". "A las nueve de la mañana. Cuando te acerques a él, habla en mi nombre. Yo le avisaré".

Otra vez me invadió aquella euforia de quien está cerca de concluir un proyecto importante. Finalmente, tendría el encuentro con uno de los hombres más ricos de mi continente. Aquel banquero es tan poderoso y acaudalado que su capital es mayor que el Producto Interno Bruto de algunos países latinos.

Llegué al lugar de la conferencia a las ocho de la mañana. Estaba vestido con mi mejor traje (que no es tan bueno), y me quedé esperando el momento apropiado. El lugar ya estaba lleno de ejecutivos con traje y corbata. Además del banquero, el Gobernador del Estado participaría del evento, quien, en realidad, era la estrella principal. La reunión era para tratar el papel de la iniciativa privada en la sociedad de hoy.

Poco antes de las nueve de la mañana, cuatro vehículos negros se detuvieron frente a la puerta del lugar donde sería el evento. Además, otros autos de la policía militar se estacionaron, pues eran escolta. Uno de los autos traía al Gobernador. El otro traía al banquero y a un gran ruralista.

La llegada de todos al mismo tiempo, al parecer, no había sido programada. Pero acabó siendo útil para mí, porque un pelotón de reporteros se abalanzó sobre el Gobernador, ya que deseaban escuchar su opinión sobre un tenebroso caso de seguridad pública que había ocurrido la noche anterior en la ciudad de São Paulo. Eso desvió la atención de todos y dejó a mi objetivo más libre y disponible.

El banquero ni siquiera logró acercarse al Gobernador para saludarlo, por la aglomeración de periodistas de los principales medios de comunicación que hacían mil preguntas sobre el reciente caso.

En ese momento, me acerqué al banquero y lo llamé por su nombre. Imagino que pensó que yo también era reportero, porque comenzó a dar declaraciones y expresó que tenía grandes expectativas para la reunión, ¡sin que yo hubiera hecho ninguna pregunta!

Entonces dije: "Me llamo Tiago Brunet y estoy escribiendo un libro. Su secretaria me orientó para buscarlo aquí". Cuando dije eso, un escolta se acercó. Me pareció que su intención era interrumpir la conversación. Pero el banquero respondió: "Vamos a entrar. Aquí estamos expuestos". Caminé hacia el lugar donde sería la conferencia, mientras el Gobernador se quedó atrás, rodeado por la prensa.

Inicialmente, el banquero se mostró incómodo. Para agravar la situación, uno de sus asesores personales, de aquellos que cargan la cartera del jefe, no se despegó de nosotros en ningún momento. Casi de inmediato, uno de los organizadores del evento, creo que el maestro de ceremonias, se acercó al banquero y amablemente le ofreció llevarlo hasta una sala donde se servía café y podría esperar cómodamente hasta el inicio del evento.

Por un momento, pensé que mi oportunidad se había esfumado porque sería poco probable que me dejaran entrar a esa sala VIP, reservada para las personalidades. Así que no lo pensé más y lancé mi cuestionamiento allí mismo, en el pasillo, con los pocos segundos que me quedaban.

Sin más ceremonia, pregunté: "Según su experiencia, ¿cuál es el mayor poder del mundo?". Sorprendido, me vio, escondiendo una tímida sonrisa en la comisura de sus labios. Antes de abrir la boca, movió la ceja derecha dos veces. "¿Qué dices, joven?". "¿Cuál es el mayor poder del mundo?", repetí.

Él rió. El hombre de miles de millones de reales encontró graciosa mi duda. "¡Qué pregunta curiosa!", dijo, sin responder. "¿Por qué me preguntas eso? ¿Has estado meses buscando la forma de hablarme para preguntar eso?". Exactamente así era, fueron meses los que esperé para formular esa pregunta de siete palabras y esperaba una respuesta. "Leí sobre ti, sé que no tienes tiempo que perder, Sr. Brunet. ¿Qué es lo que realmente quieres saber?".

Mientras él me respondía con otra pregunta, el final del pasillo estaba más cerca y la puerta en la que me tendría que despedir se sentía casi sobre mí. El banquero estaba sorprendido y también pensativo. Se veía profundamente desconcertado. ¿Acaso nunca se había tomado el tiempo para pensar en eso?

Nos detuvimos delante de la puerta donde debíamos despedirnos. ¡Era en ese momento o nunca! Él hizo una señal a los guardias de seguridad y dijo al maestro de ceremonias que le diera un momento. Avancé: "Usted es un hombre poderoso, uno de los más ricos del mundo..." "No es así", dijo esquivo, sonriendo levemente. "Usted no llegó facilmente hasta donde está, venció muchas batallas hasta lograr ser quien es. Por eso, su opinión es importante para mí." En ese momento, mi cabeza funcionaba como un chip de ordenador, procesando la información que tenía sobre él.

Escudriñaba en los recuerdos de todo lo que había leído. Noticias de los periódicos, revistas e Internet pasaban rápidamente por mi mente. Esperaba encontrar algo que desatara el nudo en su cabeza y provocara su respuesta a mi pregunta, aparentemente simple: "¿Cuál es el mayor poder del mundo?".

Aquel hombre es dueño del imperio que construyó a fuerza de trabajo y que incluía varias empresas de sólido prestigio. Compró acciones a competidores y, en veinte años, amplió sus negocios más de cincuenta veces. Tenía operaciones financieras en Europa y Estados Unidos.

Conocía, como pocos, la política y el sistema económico brasileño e internacional. Con dinero había conseguido todo eso, y yo quería escuchar que lo dijera. Si no hubiera sido con dinero, quería que él me sacara de mi error y aclarara mi panorama. Cuando me respondiera, mi búsqueda terminaría de forma legítima, independientemente de lo que dijera, pero era necesario que hablara. Llegamos a un punto de nuestra brevísima "reunión" cuando no había más que saber su respuesta.

Entonces, después de decir al maestro de ceremonias que ya entraría, me miró y dijo: "Me gustó tu pregunta. Me hizo pensar." "¡Qué bueno!", respondí. Me pidió que me acercara a él mientras solicitaba que abrieran la puerta de la sala. El tiempo, ese del que hablamos al principio del capítulo, ¡se estaba agotando! Me acerqué a él como alguien a quien le confiarían un enorme secreto. Cuando mi oído izquierdo estaba próximo a buena distancia, dijo: "Sin duda, joven, y anótalo para nunca olvidarlo: el mayor poder de mi mundo es la información." ¡Wow! ¡Él no dijo dinero!

"La nueva fuente de poder no es dinero en las manos de pocos, sino la información en las manos de muchos." –John Naisbitt

Yo estaba seguro de que su respuesta sería que el dinero es el mayor poder del mundo. ¿No es lo que las personas piensan que un banquero, magnate multimillonario respondería? Pero él no siguió el sentido común cuando dijo que la información es el mayor poder de su mundo.

Has notado que la mayoría de las personas que hacen algo mal, mientras son corregidas, dicen: "Lo siento, no lo sabía". No saber es la respuesta de los desinformados, de los que siempre serán reprendidos por alguien y humillados por sus errores.

El conocimiento es poder, pero debo recordarles que es fruto de una información que se ha transformado en saber. Cuando la Biblia dice: *"Mi pueblo fue destruido, porque le faltó conocimiento"* (Oseas 4:6) está claramente refiriéndose a la falta de información. Cuando no tenemos información, pasamos años haciendo algo que no era necesario, o viceversa.

**Cuando la comunicación es complicada, la información es limitada.**

En el libro *Descubre tu Propósito,* dediqué un capítulo completo al poder de la comunicación, que no es uno de los mayores poderes del mundo, pero es uno. Sin comunicación no hay avance. ¡Graba eso!

## ¿Cuánto vale todo eso?

La información es algo tan valioso que candidatos a la presidencia de una república hacen locuras para obtenerla antes de las elecciones. Todo vale para estar al frente de los competidores.

Veamos el caso *Watergate* en Estados Unidos. El presidente Richard Nixon fue electo por primera vez en 1968 e intentó la reelección en 1972. Para lograrlo, usaba información secreta del

FBI y la CIA, ya que buscaba tener ventaja sobre los demócratas. Este escándalo generó su renuncia.

Dime, ¿por qué el terrorismo ha realizado con éxito algunos de sus ataques públicos? Porque los órganos de inteligencia no consiguieron suficiente información que impidiera las tragedias.

Un día, en un gran embotellamiento de tránsito, en Río de Janeiro, mi esposa estaba tan impaciente que al ver un restaurante dijo: "Amor, no vayamos a ese evento. Detengámonos aquí a comer algo. ¡Estaremos tres horas en este atolladero!" Antes de responderle, decidí consultar el *GPS* para ver si había alguna salida. La aplicación reveló que el mega congestionamiento era producto de un accidente entre dos vehículos y en dos kilómetros, la carretera quedaba libre. ¡Creer o no creer, he aquí la pregunta!

Surgió una pequeña discusión en el auto, pero decidimos arriesgarnos y vencer la impaciencia. Doce minutos después, las calles quedaron libres y estábamos rumbo al evento. Llegamos a tiempo y todo se arregló. ¡La información vale mucho!

¿Cuántas personas desistieron de sus objetivos, pues no tenían la información sobre el futuro y no sabían que dos meses después su vida iba a mejorar notablemente? ¿Cuántos se dieron por vencidos sin saber que solo faltaba un año más para que su promesa se cumpliera? Piensa en tu vida y responde: ¿Cuánto vale una información?

### Información que salva al mundo

Mira este clásico caso bíblico que tiene por lo menos seis mil años de antigüedad. Noé recibió la información de que habría un diluvio, o sea, las aguas inundarían el mundo. Pero en aquellos días no había caído una gota de lluvia, así que jamás habían visto una inundación como las que vemos destruyendo ciudades en Estados Unidos o cualquier parte del mundo.

¿Qué sería ese tal diluvio? ¿Qué garantías tenían de que algo nuevo sucedería? Noé construyó un arca de madera asfaltada por dentro, mientras aquellos que no poseían la misma información se burlaban de su trabajo.

> “Quien no tiene la información que tú tienes menospreciará lo que estás haciendo.”

Cien años después, la lluvia llegó y aumentó de intensidad hasta que se convirtió en un diluvio, y solo la familia de Noé se salvó. Noé recibió la información del clima y también la de arquitectura para construir el arca. ¡Cada detalle fue instruido por Dios! Así que la instrucción hace la diferencia al utilizar una información.

Si Noé solo hubiera tenido la información de que las aguas inundarían la tierra, pero no hubiera tenido la instrucción de lo que debía hacer, la desesperación hubiera sido su única compañera.

> “La instrucción da sentido a la información.”

Por la instrucción, Noé no solo tenía las medidas y la estructura del arca, sino también el motivo por el cual debía construirla.

**Noé no debía construir un crucero, sino un barco de rescate.**

“La manera como usted reúne, administra y usa la información, determina si vencerá o perderá.” –Bill Gates

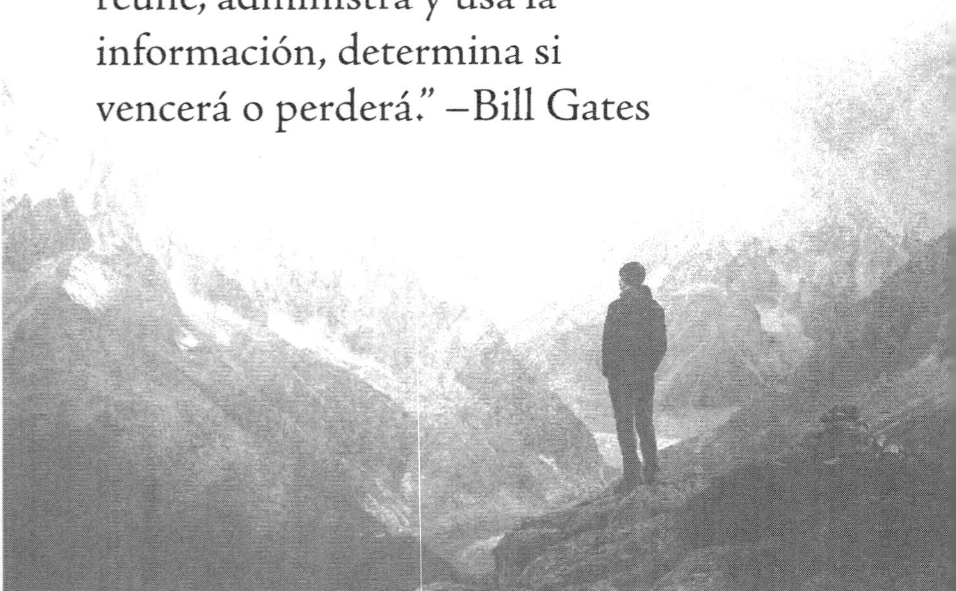

Si no tomamos en serio la información, se pueden confundir pequeños detalles y cambiar todo el destino de una historia. La gracia que estaba sobre Noé hizo que de millones de habitantes en la tierra, él fuera el elegido para este proyecto de salvación.

A veces ya tenemos poderes como el de generar ingresos o el poder de la fe, sin embargo, parece que nadie nos elige para algo. Hay un poder que funciona como un imán que atrae, por el que todos quieren estar cerca de ti. Noé era un hombre justo y bueno, incluso Dios quería caminar con él. Por lo tanto, además de la información que obtuvo, algo en esa historia la convierte en poderosa y lo vamos a descubrir en Génesis 6:8:

> *"Pero Noé halló gracia ante los ojos de Jehová".*

Sigamos nuestra jornada. ¡La búsqueda apenas comienza!

# 2

# EL PODER DEL DINERO

*"Y el dinero sirve para todo."* –Eclesiastés 10:19

¡Lo conseguí!

Incluso teniendo hijos pequeños alrededor que se fueron sumando hasta sumar tres, nuestra casa es tranquila y relativamente silenciosa. Bueno...a veces, cuando algo tan sencillo como un pequeño juguete desata el caos y ellos dan rienda suelta a su energía, no hay tanto silencio. Fuera de esto, siempre hay paz. Mi casa es un rincón sereno.

Pero aquel día empecé a gritar como pocas veces lo había hecho. Había un excelente motivo para romper la rutina y olvidar el silencio. Yo celebraba que había logrado conectarme con el latinoamericano más influyente de la actualidad.

Después de ir a varias de sus conferencias, de verlo hablar a grandes grupos de espectadores, mi oportunidad finalmente llegó. Una de las veces que fui a su país para asistir a sus conferencias, intenté una aproximación más efectiva. Ya que estaba invirtiendo en mi vida y carrera, necesitaba demostrarle cuán importante era para mí estar allí y sentarme a escucharlo.

Para que él lo supiera, llevé un regalo personal, como aprendí en el libro de Proverbios. Allí, el sabio autor nos orienta: "*La dádiva del hombre le ensancha el camino y le lleva delante de los grandes*" (Proverbios 18:16).

¿Será que la sabiduría bíblica milenaria se equivoca? El autor del libro de Proverbios fue un hombre rico. En realidad, fue el más rico que ha existido. Ciertamente, sus consejos deben tener sentido y pueden cambiar un encuentro de simplemente "estar allí" por un "dígame más sobre usted".

**Los regalos abren puertas.**

Creo que le agradó mi gentileza de llevar un regalo que le gustaba (intenté saber con personas cercanas a su familia cuáles eran sus gustos). Después de una larga conversación, él se interesó por mi compañía y quiso saber más sobre mis proyectos, sobre lo que yo hacía en Brasil. Mejor que eso, dijo que me daría su número de teléfono. Un paso más para consolidar el contacto.

¿No es suficiente? Pues bien, hubo más, ya que aquel gran hombre, admirado por muchos, me aseguró que podía llamarlo cuando quisiera y que podía preguntarle lo que quisiera. ¿La razón? Simple, en nuestro encuentro, dejé bien claro mi interés de ser instruido por él.

Abrí el juego y no me coloqué frente a él como un jugador más que solo quiere sacar un poco de información privilegiada y salir de su vida como un aprovechado, o peor aún, como uno más que se acerca solo para tomar una foto que luego publica en las redes sociales, con el vacío objetivo de conseguir mil "me gusta". Él se dio cuenta de que no era esa mi intención.

Tener un corazón puro, sin segundas intenciones o motivaciones egoístas, atrae sobre ti lo que llamo "gracia", aquel poder que motiva a las personas a favorecerte. A veces, tienes tanta gracia con alguien o con un grupo que incluso sin ver tu currículum (sea profesional o de vida) te llevan a un círculo más alto, a las mesas estratégicas de los restaurantes de nuestra existencia.

Yo deseaba sentarme al lado de él, escucharlo y aprender. Quería más y más, no me cansaba de darle toda mi atención. Deseaba examinar sus reflexiones personales y, quién sabe, incluso escucha esas ideas o conceptos que todavía estaba "gestando" en su mente. Como ya expliqué en el primer capítulo, la información exclusiva es valiosa para quien quiere avanzar en la vida.

Simplemente, quería estar allí y escucharlo hablar sobre las cosas que valora, que le atraen, sus principios, sus reglas, estrategias mentales y criterios, todo lo que desearían saber las muchas personas que se le acercan.

¿Sabes cómo es? Las personas que alcanzan esos logros y son tan admiradas pareciera que se vacunan en contra de aprovechados, por eso crean barreras, bloqueos naturales para evitar que les roben. Por tiempo y energía.

El tiempo es una moneda, ¿recuerdas? Solo que ese encuentro fue demasiado agitado, había muchas personas alrededor disputando su atención. Hablamos de intercambiar números telefónicos, pero lo fuimos dejando para "cuando estuviera más tranquilo". Y...al final, no lo hicimos. Algunos días después, él fue quien me contactó; esa fue la razón de mi explosión de alegría.

Le escribí un mensaje de texto. Fui muy cauteloso, leí y releí el mensaje antes de enviarlo, buscando la manera más clara y breve de escribir lo que quería decir.

Siempre pienso en los detalles, reflexiono sobre cómo se interpretarán las señales que uno envía porque revelan tu comportamiento, muestran tu alma, tal como enseño en las clases del CID (Club de Inteligencia de Desarrollo). Mi mensaje fue:

"Hola. Soy Tiago Brunet. Nos vimos recientemente. No quisiera incomodarlo. Estoy escribiendo un artículo sobre los poderes que rigen al mundo. Solo quisiera preguntarle, en su opinión, ¿cuál es el mayor poder del mundo?".

Fui directo, como lo hice con el banquero cuando tuve esa única y breve oportunidad para hablarle. Solo que en ese momento sabía que mi mensaje se sumaría a tantos otros de socios de negocios, colaboradores, familiares, en fin... enorme competencia. Todos quieren hablar con quien tiene sabiduría para orientar en la vida.

Era como si estuviera haciendo fila y necesitara ser visto, lograr que fijara su vista en mí, sin que estuviéramos frente a frente. ¿Sabes cómo se hace eso? Apuntando bien al objetivo, tomando con seguridad el rifle, para que el pulso no tiemble y que el tiro dé en el blanco. ¡La pregunta acertó justo al centro! Y la respuesta fue: "Hola, Tiago. ¿Cómo estás? ¡Sin lugar a dudas es el dinero!"

Mi primera reacción fue de asombro. Uno de los hombres más influyentes de América Latina respondió rápida y objetivamente mi mensaje. Me tomó meses aproximarme, y la ansiada respuesta llegó en cuestión de minutos. Este abordaje me recordó la historia del banquero. El proceso para acercarme fue largo y obtener la respuesta tomó de verdad poco tiempo.

Se invierte mucho de la moneda más valiosa para llegar a las personas estratégicas, pero después, las respuestas fluyen. Recuerda, ellos responden si tú les preguntas. Las preguntas son más importantes que las respuestas. Al final, no se puede tener la respuesta correcta sin la pregunta adecuada.

Después, me quedé perplejo porque yo esperaba una respuesta, digamos, más "religiosa", ya que este latino influyente es un hombre de fe, con un liderazgo espiritual de resultados sin precedentes. ¿No era eso lo que debería esperar?

Y él escribió más aún. La convicción que él tenía sobre su respuesta era tanta que la fundamentó: «¡La Biblia dice que el dinero SIRVE para TODO!".

¿Qué tal esa afirmación? Confieso haber quedado un poco confundido con la seguridad de su respuesta, ya que todos sabemos que las personas religiosas valoran la fe por sobre otras cuestiones. ¿Sería el dinero más grande que la fe? Esto me pareció un gran conflicto de ideas, un debate sin fin. Entonces, comencé a reflexionar sobre dichas afirmaciones.

Recordé cuando estaba en California, Estados Unidos, cenando con un gran líder evangélico norteamericano. Con él aprendí algo que me ayudó a resolver las dudas sobre esa relación entre fe y dinero. Aquel pastor dijo: "La fe solo vale para quien cree; el dinero sigue valiendo de cualquier manera, creyendo o no". ¡Wow! ¿Qué piensas de esa afirmación? ¡Apuesto a que sacude tu cerebro!

Yo siempre hago autocrítica sobre mi comportamiento, acciones y valores. No me considero un hombre ingenuo o ignorante. Tengo muy claro que el dinero controla al mundo. Tengo vía libre en el mundo de los negocios y mantengo relaciones con personas muy ricas, algunos millonarios. Personas que dirigen grandes empresas, que realizan enormes transacciones de comercio en el exterior con las que mueven espantosas cifras de dinero.

Por otro lado, también sabemos que hay un poder oscuro en el mundo de las transacciones ilícitas, lo que algunos llaman estado paralelo. Allí las cosas se mueven de manera bastante similar al mundo legal, aunque al margen de lo que es correcto, honesto, conforme la ley.

Así como la información y el dinero, cualquier poder de este mundo puede ser utilizado para el mal. Lo que define cómo usarás lo que posees son las motivaciones de tu corazón.

Conté en el capítulo anterior que entre mis programas favoritos están las series en *Netflix*. Los documentales sobre los carteles internacionales de drogas y series sobre políticos corruptos que influyen en el Estado, inspirados en la vida real, dejan claro que el dinero es el blindaje que los criminales poderosos usan para mantener sus posiciones en el juego y seguir impunes.

En otras palabras, se cometen ilícitos para obtener más dinero que sirve para sobornar, comprar y pagar protección para mantener ese círculo vicioso. Es la perpetuación del poder por el poder. En Brasil lo vimos, por ejemplo, en las revelaciones hechas por la Operación Lava-Jato, que detuvo a varios políticos famosos.

> “Cualquier poder que mueve el mundo podría utilizarse para salvar vidas o matar. La mira del cañón es tu corazón.”

¿Hacia dónde está apuntando? De una cosa no hay duda: el dinero puede resolver muchos de nuestros problemas, ya que genera un confort emocional inexplicable al brindar seguridad y eliminar parte de nuestras preocupaciones. Con dinero podemos comprar momentos impresionantes, inolvidables, ya sea un viaje soñado, una simple cena con la persona que amamos, o una fiesta animada para impresionar a los amigos.

¿Puedo hacer una pregunta? En tu opinión, ¿cuál es la mejor cosa que el dinero puede comprar? Yo pregunté eso en mis redes sociales y literalmente, recibí miles de respuestas; las más repetidas y coherentes fueron:

Viajes

Conocimiento

Buenos tratamientos médicos

Casa propia para ofrecer seguridad emocional y refugio a la familia

Tal vez sea por eso que la mayoría de nosotros gasta la moneda del tiempo para obtener este poder: queremos impresionar a alguien o eliminar nuestras preocupaciones. Si queremos impresionar a alguien, es probable que nos sintamos rechazados, suframos de algún complejo de inferioridad o cualquier tipo de confusión mental sobre nuestra identidad, sobre quiénes somos.

Si queremos eliminar nuestras preocupaciones es porque el poder de la fe aún no es real en nosotros, y las demandas de la vida se han vuelto más pesadas que la confianza absoluta de que todo va bien. ¿Esto tiene sentido para ti?

Siempre que voy a Japón, observo el corre corre interminable de los japoneses, siempre de un lado a otro. Cruzar Shibuya, la calle más famosa de Tokío, es dar por hecho que el japonés está siempre corriendo. ¿Pero detrás de qué? ¿A dónde van? He entrevistado a muchos de ellos y de todos he obtenido la misma respuesta: ¡DINERO!

Ganar dinero es una forma de provocar aceptación, incluso familiar, en la cultura japonesa. Para ellos, el dinero es lo principal. En otro país asiático, la India, el dinero es como uno de sus muchos dioses.

"Si un amigo te pide dinero, piensa en dos opciones. ¿Prefieres perder el amigo o el dinero?". –Mark Twain

Recuerdo que una vez, intenté dar 50 dólares a un joven que me ayudó durante dos días guiándome por la ciudad de Calcuta, la capital de India. El hombre que me invitó a la ciudad hizo un gesto de desagrado y dijo: "¡No!, jamás le dé dinero." Muchas personas pensarían que se trata de mezquindad del patrón, pero él mismo me explicó por qué no quería que yo le diera aquella propina al chico: "Tú eres solo un hombre de paso por aquí. Darle ese dinero cuestionaría mi autoridad, ya que no puedo pagarle eso. Ellos sirven a quien da más".

Aunque me asustó con la información, obedecí. Al fin y al cabo, no estaba en mi cultura y no quería ser el agente de desequilibrio en las relaciones entre patrón y empleado.

De los ocho poderes que estamos hablando en este libro, el dinero es el poder que no se debe amar. Si pones tu corazón en él, si comienzas a sentirte encariñado y encantado, todo empezará a deshacerse ante tus ojos.

¿Cómo no amar algo que tanto necesitas? Este es el poder que hizo que muchos seres humanos partieran de la tierra precipitadamente. El sabio Salomón dijo: "No comprometas el poder de la sabiduría para obtener el poder del dinero" (Esta es mi versión de Proverbios 23:4).

El ser humano, en su realización personal, tiene un aspecto EMOCIONAL; el dinero, a su vez, es de naturaleza MATERIAL. Luego, no esperes del dinero algo que no puede dar. ¡Cada uno da lo que tiene!

Somos seres sociales y de relaciones; el dinero es de otra naturaleza y debe atender otras finalidades, no satisfacernos emocionalmente, como explico en el libro *Dinero es Emocional.* Los recursos financieros jamás podrán completarnos como personas.

Pero hay un dilema con el que necesitamos convivir. El dinero es primordial para las transacciones, los negocios y la supervivencia. Por lo tanto, debemos aprender a lidiar con este poder. Prefiero tenerlo y dominarlo, que no tenerlo y depender de su disponibilidad.

La eternidad puede ser nuestro destino, pero la vida terrenal es una oportunidad que debemos aprovechar. No importa el tiempo de vida, debemos vivir bien. La Biblia enseña dos tipos de existencia: la vida eterna que, por supuesto, toma lugar en los cielos, y la vida abundante que podemos y debemos disfrutar en la tierra. Si no experimentas una de esas vidas, estás fuera de los estándares bíblicos.

**Vida abundante**

Para vivir bien, necesitamos dinero, ya que es un poder que rige casi todo y a todos en este mundo, pero, hay una limitación.

> *(…) La raíz de todos los males es el amor al dinero* (1 Timoteo 6:10).

Estas palabras, instrucciones milenarias, dicen que es posible que alguien construya una hermosa casa y ame más la sierra usada para cortar la madera de la construcción que el propio hogar. ¿Has pensado en el significado de esta metáfora? Hay personas que aman más la herramienta que el propósito.

Debemos usar el dinero para construir la vida que deseamos para nosotros y nuestra familia, y si es posible, dejar algo bueno para los hijos. Pero no es sabio construir algo para nosotros y nuestra familia, y apegarnos a eso que solamente sirve como herramienta para alcanzar nuestros objetivos. Sin embargo, muchas personas, a cierta altura de su vida y carrera, llegan a confundir la herramienta con el propósito. En esta metáfora, tener un hogar es el propósito. El dinero es la herramienta de construcción. ¿Es inteligente amar más la herramienta que el propósito final? ¡Claro que no tiene sentido!

El dinero, en mi vida, nunca ha pasado de ser una herramienta. Por lo tanto, nunca estoy de acuerdo con amarlo más que a las personas o los proyectos que puedo realizar. Siempre he querido dinero cerca para que sea parte del proceso, no de las relaciones.

Cada uno de nosotros viene de una trayectoria bastante particular y específica. Llegamos a donde estamos por diferentes caminos. Cada quien ha vivido una infancia única, fuimos criados con diversos patrones, educados con enfoques distintos; nacimos y nos desarrollamos en círculos sociales muy variados, con mayor o menor confort, inmersos en una cultura particular, y la suma de esas variables sirvió para definir la manera de ver la vida, por lo tanto, el dinero. La mezcla de todos esos elementos define cómo tratamos el tema económico.

Algunos de nosotros lo vemos como solución para cierta situación o como algo necesario para la paz emocional. Otros lo ven como medio para tener seguridad, y no falta quien vea el dinero como un dios. Pero mira, muchos de nosotros hemos valorado el dinero de manera exagerada, imaginando o dándole un crédito que no merece. Es bastante confuso, porque ¡el dinero es un poder y tiene mucho poder!

Me gusta pensar en la vida de José, el joven hebreo que gobernó Egipto, pues sabemos cosas sobre su infancia, adolescencia y edad adulta. Así que es posible ver los enormes altibajos que atravesó. Vemos de dónde salió, por dónde pasó y cuál fue el final de su historia, un final feliz, dicho sea de paso.

José nació en una familia privilegiada desde el punto de vista financiero. La Biblia dice que Jacob, su padre, era rico, pero su abuelo, Isaac, era de verdad acaudalado. Dinero, por lo tanto, no era un problema para José. Desde su infancia se acostumbró a lo mejor. Hoy podemos analizar esa información y decir que el modelo mental de José sobre el dinero era de excelencia. Él fue hijo de un gran empresario, un ganadero. Fue instruido por su padre, el hombre que transformó un pequeño rebaño en una gran fortuna. Hoy, pocas personas logran replicar lo que Jacob hizo.

Podría trazar un paralelo con mi propia historia. En mi caso, cuando tenía veintiséis años de edad, ya movía considerables cantidades de dinero en la empresa que había fundado. Pero incluso con la capacidad de mover una pequeña fortuna, los problemas eran constantes.

Creo que el dinero es un poder que necesitamos conquistar, pero entendiendo exactamente lo que puede y lo que no puede hacer. Ciertamente, es poderosísimo en un mundo materialista como el nuestro. Pero tiene sus limitaciones en el planeta de las emociones y en el campo espiritual. Y los seres humanos somos cuerpo, alma y espíritu, así que no basta tener salud y comodidad física.

Soy plenamente consciente del papel del dinero en mi vida, en mis negocios y en nuestra historia. Valoro lo que puede hacer, pero también soy experto en los límites que tiene. En la Biblia, cuando Dios quería bendecir a alguien, lo respaldaba financieramente.

Las finanzas siempre serán una herramienta que tendría placer en usar. Sí, las usaré, pero no me dejaré dominar por eso." *Porque donde esté vuestro tesoro, allí estará también vuestro corazón*" (Mateo 6:21). ¡De nuevo aparece el corazón!

Todo el dinero del mundo no será suficiente para comprar un día más de vida para una persona con una enfermedad terminal, pero con recursos, es posible pagar el mejor hospital para que reciba cuidados especiales y tenga el mayor alivio posible.

Con dinero podemos pagar una fiesta de boda al estilo de aquellas que salen en las portadas de revistas, cuando se casan las personas famosas y de sociedad. Pero esto no garantizará que el matrimonio continúe de pie en un mes o llegue a la Navidad más próxima. Solo las relaciones emocionales y espirituales determinan el éxito de una pareja y el de su familia.

El dinero puede comprar el mejor colchón del mundo, con la última tecnología disponible, pero no garantizará que tu sueño sea tranquilo, que tengas el merecido descanso de quienes pueden reposar la cabeza en la almohada y dormir en paz.

Debemos coincidir con la opinión del gran líder del inicio de este capítulo: el dinero es uno de los ocho mayores poderes que rigen el mundo. Sin embargo, verdaderamente estos poderes son limitados. ¡Con excepción del mayor de todos!

Incluso la sabiduría, como veremos más adelante, a pesar de ser un poder tan intenso, no evitó un triste fin para el gran y celebrado rey Salomón de Israel. Sin embargo, al analizar la experiencia de José, ¿cuál sería el papel y la importancia del dinero en su vida?

Como dije, tenemos datos de su vida durante su infancia, adolescencia y juventud. Pero la respuesta a esta pregunta surge cuando llega cerca de los treinta años de edad, cuando asume la regencia de Egipto. En dicha época, ese imperio era una gran potencia regional, que ejercía amplia influencia y mantenía relaciones militares y de vasallaje con los países vecinos.

"Realmente, el dinero no da felicidad. Pero paga todo lo que ella gasta." –Millor Fernández

Con el dinero que Egipto recaudaba en impuestos, el imperio se fue consolidando. Sin embargo, llegó el tiempo cuando una sequía, seguida de hambruna, asoló la región mediterránea. Bajo la sabia administración de José, con el dinero que lograba economizar, fue posible obtener recursos para alimentar a los egipcios y también a los pueblos que vivían alrededor.

**El dinero adquirido por José en Egipto fue la herramienta para preservar a la raza humana.**

La pregunta no es si debemos tener dinero, sino ¿para qué queremos el dinero? Él no pensó solo en sí mismo, en su familia o en los patricios. Se beneficiaron todos aquellos que mantuvieron algún contacto con la administración de José. Él usó el dinero como herramienta para alcanzar los objetivos nobles en su administración, y lo hizo con excelencia. José no se convirtió en un trabajólico, un adicto al trabajo. También cuidaba de su familia.

El dinero puede convertirse en un dios si le damos más valor que el de una herramienta. En busca del dinero, muchos pierden lo que realmente importa. Para José, los recursos económicos eran solo una herramienta útil y necesaria para cumplir su propósito de vida, que era alimentar a una generación.

José entró a la historia cuando el problema de la sequía y del hambre estaba golpeando a las puertas y el faraón, autoridad máxima, no tenía ni idea de qué hacer frente al inminente peligro. Además del plan para colocar comida en la mesa de las familias de su tiempo, el "proyecto ISRAEL" de formación de una nación solo fue posible porque José cumplió el propósito de no dejar a sus hermanos morir durante esa crisis.

Después de todo, José fue la puerta abierta para que los hebreos entraran en el antiguo Egipto. Aquel país funcionó como lo que llamamos hoy «incubadora". Israel fue gestado en Egipto antes de ser formado como una nación.

En una conferencia que ofrecí en la ciudad de São Paulo, comenté que el dinero es algo importante para mí. Siendo hijo de pastor, nieto de pastor, fiel con los diezmos y devoto de Jesucristo, jamás conseguí pagar las compras del mes ofreciendo «la paz del Señor" a la cajera del supermercado. Siempre tuve que, como cualquiera, desembolsar dinero para llevar comida a casa. La simpatía es importante, el carisma también, pero sin dinero... nada se hace.

El comienzo de una vida financiera próspera es reconocer que necesitas el dinero. No lo trates con desdén; trátalo con el debido respeto. Pero no hagas de él un objetivo porque apenas es un medio. ¡Este poder es necesario, pero también tan peligroso que ha logrado confundir a muchos!

> El dinero no cubre los agujeros del alma.

Comencé este capítulo hablando de los aspectos en el trato con el dinero. Nosotros y el dinero nos encontramos en situaciones distintas. Somos personas de naturaleza relacional, y el dinero es de naturaleza material. Es como el hierro y el barro que, aunque pueden estar presentes en una pieza de artesanía o en una carísima obra de arte, jamás podrán estar unidos.

Vimos también que el dinero es uno de los ocho poderes presentes en el mundo desde hace mucho tiempo, y lo sigue siendo. Pero no es el mayor poder. Puede realmente ser útil y necesario para la mayoría de las cosas que hacemos durante nuestra corta vida. Sin embargo, hay algunas cosas que no puede comprar, ni siquiera si consigues reunir todo el dinero disponible. Si hay algo que no tiene poder para hacer es tapar los agujeros emocionales del ser humano, curar las heridas del pasado.

Si José no hubiera sido una persona equilibrada desde el punto de vista emocional, si no se hubiera recuperado de los dolores del pasado y de la traición sufrida a causa de sus hermanos, todo se habría perdido. Un brote de rabia o de venganza podría haber abortado todo el propósito para aquella generación que él lideró, sobre todo para la nación de Israel, que iba a nacer de los descendientes de José y de sus hermanos. ¿Ya te detuviste a pensar en eso?

Una de las deficiencias que el poder del dinero tiene es que no puede cambiar sentimientos; al contrario, en algunas situaciones, los potencializa. Entonces, ten cuidado con tu corazón, pues para una persona que quiere ganar y tener dinero, es importante saber que todo a su alrededor y en su interior será ampliado e intensificado.

Quiero decir que lo que sea que esté escondido en el fondo de tu corazón, será revelado clara e intensamente cuando tomes control del poder del dinero.

## El modelo del dinero

Todo lo que pensamos, lo que ingresó en nuestra mente acerca de los recursos económicos, se originó en el patrón psicológico que nos fue enseñado desde la infancia. Por supuesto, muchas cosas se han agregado durante las etapas de la vida. Pero nuestra formación, la manera como nuestros padres hablaban sobre el vil metal y se ocupaban del dinero, nuestra religión, la posición geográfica donde vivimos y la cultura en la que crecimos influyó directamente en nuestra manera de tratar el dinero.

José creció viendo al padre prosperar al hacer negocios con sus rebaños y aprendió a emprender, que es la única receta que la Biblia enseña para tener prosperidad. En consecuencia, para el pueblo judío, el dinero siempre fue prioritario.

Como hablamos en la introducción de este libro, José fue vendido por sus hermanos a caravanas que lo negociaron y lo llevaron a Egipto, cuando tenía diecisiete años de edad. Ya tenía madurez suficiente para que los modelos mentales de su familia se hubieran formado y consolidado.

José fue hijo de uno de los mayores empresarios de la Biblia. En realidad, pocos hombres llegaron tan lejos como su padre. Todo lo que las manos de su padre Jacob tocaban, prosperaba. Jacob, cuenta la tradición judía, llegó a luchar con un ángel y logró resistirse a él, lo que lo dejó impresionado. El mismo Jacob trabajó catorce años enteros porque definió un objetivo claro: pagar la dote para casarse con la mujer amada. Y lo consiguió.

A los diecisiete años, José tenía una visión del mundo bastante interesante para un muchacho de su edad. Buena parte de su juventud, trabajó en la casa de Potifar, una especie de ministro de la seguridad en Egipto, y estuvo preso un tiempo en la cárcel.

Desgraciadamente, no fue posible demostrar sus facultades de administración en el período en que estuvo encarcelado. Sin embargo, cuando interpretó los sueños del faraón y asumió el gobierno de Egipto, poco después, a los treinta años de edad, José sabía exactamente cómo cuidar cada detalle de la gestión de los negocios del imperio, tanto en la crisis, como en la prosperidad.

Nunca subestimes tu "modelo mental de dinero". Algunas veces será necesario cambiarlo; otras veces, solo necesitarás potencializar lo que ya existe.

El dinero es un agente tan poderoso en nuestro mundo que, contrario a lo que el sentido común dicta, el mayor enemigo de Dios no es el diablo, sino Mamón, el "dios de las riquezas". Quien dijo eso fue el mismo Hijo de Dios.

El diablo es nuestro adversario, no el de Dios. El diablo no logra hacer discípulos; el dinero arrastra fanáticos. Pero lo que confunde es que aun teniendo tanto poder, el dinero no tiene fuerza para salvar de la depresión a los millonarios, para liberar de las guerras a los países, ni para evitar una separación familiar. Con tanto poder agregado, el dinero nunca curó a alguien de una enfermedad terminal.

Jacob fue un hombre muy rico, pero eso no impidió que sus propios hijos vendieran a su hijo menor, su predilecto. José experimentó los beneficios del dinero durante los primeros diecisiete años de su vida, y luego estuvo expuesto al mismo poder desde los treinta hasta los ciento veinte años. Pero lo que le abrió las puertas, en tierra extranjera, no fue su pasado financiero o sus condiciones económicas de ese momento. Tres grandes puertas se abrieron para que José se convirtiera en el mayor líder de su tiempo:

- la casa de Potifar
- la gerencia de la prisión en que estaba
- el palacio de faraón.

¡No fue el dinero ni cualquier otro poder los que abrió esas puertas; fue el mayor poder del mundo!

"Cuando era joven, pensaba que el dinero era la cosa más importante del mundo. ¡Hoy, tengo la certeza!" –Oscar Wilde

En Génesis 39:4 leemos algo interesante:

> *Así halló José gracia en sus ojos, y le servía; y él le hizo mayordomo de su casa y entregó en su poder todo lo que tenía.*

En Génesis 39:21 leemos lo siguiente:

> *Pero Jehová estaba con José y le extendió su misericordia, y le dio gracia en los ojos del jefe de la cárcel.*

¿Qué quiere decir eso? No fue solo este ilustre personaje bíblico, José, el que usó la sabiduría y el dinero para salvar millones de vidas. Durante la Segunda Guerra Mundial, un hombre llamado Oscar Schindler, empresario alemán que vivió durante el Holocausto, usó su capital para emplear en su fábrica a millares de judíos, con la finalidad de salvarlos de la matanza. Ese hecho fue una mezcla de poderes: amor, contactos, y principalmente, dinero.

Schindler podía tener excelentes intenciones, pero si no hubiera sido un empresario financieramente exitoso, no habría tenido los recursos para salvar aquellos judíos. Este piadoso alemán pasó a la historia no solo porque era rico, sino porque renunció a su seguridad y a la comodidad financiera para salvar personas.

Tu dinero solo sirve, si lo empleas para un propósito. Cuando Oscar Schindler necesitó huir del ejército rojo que avanzaba para tomar la Alemania nazi, dejó una carta explicando que no era uno de los malos, y un anillo grabado con la siguiente frase del Talmud: "Quien salva una vida, salva el mundo entero".

Sigamos con nuestra travesía…

# 3

# EL PODER DE LA RED DE RELACIONES Y CONTACTOS

"Conseguí, en un año, con los contactos correctos,
lo que no conseguí en mis treinta y siete años."

Esa fue la frase que me dijo un amigo chileno que acababa de conocer. Me la dijo durante un vuelo de Dubai a Tokío. Era abril de 2017 y estábamos aprovechando las once horas de vuelo para conversar sobre los poderes que rigen el mundo.

En un punto de la conversación, hablamos sobre la asombrosa disciplina del pueblo japonés, sobre la notable excelencia de los jeques árabes, y sobre las grandezas de Oriente. Todas estas virtudes son algo maravilloso para nosotros, los occidentales. Tenemos mucho que aprender de esas culturas. Sabemos que somos la mezcla de los viajes que hacemos y de los libros que leemos.

Pero volvamos a la frase de mi amigo chileno. Cuando él la concluyó, no lo pensé dos veces y le hice una pregunta muy simple: "¿Cómo llegaste a la cumbre del éxito?". En una palabra, sin rodeos ni divagaciones filosóficas, él respondió enfáticamente: "¡*Networking*, mi amigo!" En aquel instante recordé una conocida frase que se atribuye al presidente de Coca-Cola: "No llegué aquí por mi currículum, sino por mis amigos."

Estas frases son análogas, equivalentes, aunque dichas por personas en diferentes posiciones estratégicas, en el plano global del mundo de los negocios. Sabemos que una buena red de relaciones y contactos vale más que un excelente currículum.

¿Cómo lo sabemos? Porque la sabiduría milenaria nos enseñó que tener amigos, especialmente amigos de verdad, hace la diferencia en nuestro andar por la autopista sin señalización que es la vida. Mira el caso de Sadrac, Mesac y Abed-nego. Tal vez nunca has oído hablar de su historia, porque los tres eran esclavos judíos deportados a Babilonia, más o menos en el año 500 A.C. ¡Y eso fue hace mucho tiempo!

La Biblia no cuenta los detalles de la vida de los tres, tampoco si tenían alguna formación académica, ya que la Babilonia antigua era un centro de excelencia en algunas artes, como el estudio de los astros y una forma primordial de medicina bastante rudimentaria. Lo que sabemos de la vida de esos tres muchachos estaba relacionado con Daniel, el futuro primer ministro de ese país. Daniel era parte de la red de relaciones, o el *network* de Sadrac, Mesac y Abed-nego.

Daniel asumió el gobierno, bajo Nabucodonosor. Debes recordar ese nombre de cuando estudiaste la escuela primaria. Una vez que Daniel se convirtió en el segundo hombre en Babilonia, los nombró jefes de los negocios en el Imperio. Entonces, ¿cuál es la lección principal? ¡Que tu *networking* puede colocarte en lugares donde ningún poder te pondría!

> Tu red de relaciones y contactos vale más que muchos poderes de este mundo.

¿Y cuáles son esos poderes? Hay varios, y con eso no menospreciamos a ninguno, porque cada uno tendrá su propósito: buena formación académica, emprendimiento, iniciativa propia, autodeterminación, patrimonio, buenas ideas, creatividad y tantos otros bienes personales.

El *networking* que construyes podría superar todos estos bienes que reúnes a lo largo de tu vida. Podemos ir más allá de eso. Por ejemplo, en el caso de dos amigos, Jonatán y David. Jonatán era hijo de un rey, Saúl, el primer rey de Israel bajo quien el pueblo dejó de ser una agrupación de tribus y pasó a ser una monarquía.

David, en esa época, era el comandante de un ejército marginal integrado por forasteros. Él reunió hombres que no eran bien vistos en la región, pero los entrenó de modo que defendían el ganado de los ricos, y cobraban por ese servicio.

¿Qué hacía Jonatán, hijo del rey, asociándose con un líder del pueblo? La conexión entre esos dos hombres de estratos sociales tan diferentes era tan fuerte, que cuando Saúl resolvió dar fin a la carrera de David, matándolo, Jonatán se puso en el lugar de él y entró en la trama. ¿Qué hizo el hijo del rey? Jonatán personalmente avisó a David de la intriga del padre, sin detenerse a pensar que al hacerlo estaba traicionando a su padre y rey de Israel.

"Lo contrario de *networking* es '*not*' *working*." –Un inteligente

La fidelidad que se logra dentro del *networking* puede superar los lazos más tradicionales e íntimos, como aquellos que deberían existir dentro de la propia familia. Es como aquel versículo bíblico que dice que hay amigos que son más cercanos que los propios hermanos. En el caso de Jonatán y David, eso fue exactamente lo que sucedió.

> Las conexiones correctas pueden librarte de la muerte.

De la misma forma, hay conexiones en tu *networking* que pueden llevarte a la cumbre, a aquel lugar, posición o cargo que siempre soñaste.

Tú estudiaste, trabajaste, te esforzaste, fuiste disciplinado y riguroso contigo mismo, ahorraste, hiciste intercambio, te vestiste mejor, perfeccionaste tu vocabulario, ¡hiciste de todo! Pero lo que funcionó a la hora inesperada fue haber conocido a aquella persona estratégica que en un minuto te catapultó, levantó tu carrera, tus negocios y tu vida.

¿Me entiendes? ¿Ya te has dado cuenta de que las cosas positivas y más relevantes no suceden de la manera que nuestra mente lo imagina? ¿Quién nunca ha pensado en eso? Planeamos el futuro, tenemos ideas, nos esforzamos para conseguir créditos o adquirir conocimientos y todo eso es necesario; todo eso cuenta, pero cuando menos lo esperamos, algo mejor se abre ante nosotros, alguien que conocemos nos indica, nos llama, apunta a nosotros y ¡allá vamos a la siguiente fase!

Entonces, quiero darte una pista sobre el lazo inquebrantable para mantener vivo y activo nuestro *networking*:

> No te relaciones con alguien por los resultados que alcanza, sino por el propósito por el cual vive.

**¿Propósito?**

Sí, propósito (Idea Central Permanente o ICP). Busca identificar y valorar el propósito que mueve a las personas a tu alrededor. No mires solo hacia los resultados que pueden ser temporales. No mires los bienes o el patrimonio de alguien. Esas cosas son la consecuencia, el efecto. Mira hacia la causa, mira el origen. Y el origen de los resultados positivos es el propósito que mueve a las personas exitosas.

Desde los tiempos más remotos, las celebridades se quitan la vida o sufren serios trastornos psíquicos cuando perciben que no encontraron ¡el sentido de la vida! Los grandes nombres de la historia poseyeron todo, pero fueron nada. La realización interior no puede compararse con las conquistas exteriores.

El secreto de nuestra breve y momentánea existencia en la tierra es SER, no necesariamente TENER. Quien tiene, puede un día no tener, y eso genera conflictos difíciles de resolver.

¡Quien es, es!

"*Yo Soy el que Soy*". - Dios (Éxodo 3:14)

¿Quién eres tú sin un propósito de vida?

¿Quién eres tú sin relaciones para compartir todo eso?

> ¿De qué sirve tener mil millones de dólares, pero estar solo en una isla desierta?

Puedes pasar treinta años trabajando para tener una buena jubilación y, aún así, morir infeliz. Puedes dedicar veinte años de fidelidad a un matrimonio para, al final, descubrir que todo no pasaba de ser una farsa.

¡Tu identidad, quien eres, es lo único que puedes garantizar! Y esa debe ser la base de tu red, del grupo de personas que sumen a tu propósito, a quienes atraigas por tu esencia. Es posible dar muchos ejemplos para demostrar que la mayoría de las cosas que todos persiguen, como dinero y reconocimiento, no necesariamente le dan sentido a la vida. Descubrir quién eres tú y vivir por eso, sí le da todo el sentido a tu existencia. Esa es una actitud fuerte, sólida, sobre la cual puedes hacer planes y esperar buenos resultados.

Entonces, responde sinceramente estas tres preguntas: ¿Qué harías si descubrieras que entró un depósito de 10 millones de dólares a tu cuenta corrien? ¿A dónde irías? ¿A quién te llevarías?

Si tu respuesta es diferente de lo que realmente planeas hacer mañana, entonces sabrás que todavía no estás viviendo tu propósito de vida. Presta atención: nada ni nadie podrá sacarte del centro de tu ICP (Idea Central Permanente), ni siquiera el dinero, aunque sea mucho dinero.

La palabra propósito es sinónimo de designio, que, en latín, en su raíz etimológica, significa proyecto, diseño. La pregunta es: ¿las personas que están en tu directorio telefónico conocen tu propósito? ¿Están contigo en el emprendimiento de la vida? ¿Cuál es tu proyecto inmutable? No hablo de simples proyectos, sino del "proyecto", aquel que califica y dimensiona tu vida.

¿Quién en tu lista de *WhatsApp* sueña igual que tú? Ninguno de nosotros puede ser medido por el título que posee, sino por el diseño o el proyecto que llevamos dentro.

¿Tu propósito, generalmente, está ligado a las cinco personas que más admiras? ¿Estas personas están en tu red o las admiras de lejos?

> Haz el siguiente ejercicio: Escribe el nombre de las cinco personas a quienes más escuchas, las que más admiras:
>
> ______________________________
>
> ______________________________
>
> ______________________________
>
> ______________________________
>
> ______________________________
>
> Luego, busca el punto en común entre esas cinco personas, y estarás bien encaminado para descubrir tu propósito. La síntesis de los principales valores de estas personas te indicarán la dirección hacia la que estás caminando.
>
> Luego escribe lo siguiente:
>
> ¿Qué es lo que más te molesta?
>
> ¿Qué es lo que más te emociona?
>
> ¿Será que hay algún punto común en esas listas? Estúdialas.
>
> ¿Quién se conecta a ti por estos valores?

Si me permites, puedo tomar mi vida como ejemplo. Cuando descubrí mi propósito de vida, fue más fácil seleccionar mi red. Entendí que para llegar donde quería, era necesario frecuentar los círculos sociales que potencializarían quién yo realmente era.

El día solo tiene veinticuatro horas y vivimos, en promedio, setenta y cinco años. Como dije en la introducción, nuestra moneda de mayor valor es el tiempo. No puedo perder ni un minuto fuera de mi Idea Central Permanente (ICP). Siendo así, seleccioné personas que tuvieran algo que agregar a mi proyecto de vida y pagué el precio para caminar a su lado.

David caminó con Jonatán. Su ICP era reinar. Su conexión era con el hijo del rey.

¿Lo notaste? No debemos gastar la moneda valiosa del tiempo con personas que están desalineadas con nuestro propósito.

Esto no es egoísmo, al contrario, si el Dr. Martin Luther King hubiera andado con cualquiera de aquellos jóvenes que se odiaban mutuamente, probablemente los afroamericanos todavía sufrirían segregación racial en Estados Unidos.

José montó su *networking* mientras estaba en la prisión, y un día el copero, que estuvo preso con él, lo recordó y también recordó esa habilidad para interpretar sueños. José no merecía estar en la cárcel, no hizo nada para estar allí, aparte de huir de una mujer adúltera, la esposa de su jefe, Potifar, que deseaba tener relaciones con él, pero lo calumnió al ser rechazada.

En la cárcel, José hizo amistad con la persona que lo presentaría a faraón, y mantuvo esa amistad porque era alguien involucrado en la corte real. Él pudo haber hecho amistad con cualquiera en esa prisión, pero seleccionó su red.

"Si quieres ir rápido, ve solo. Si quieres ir lejos, ve acompañado."
—Proverbio africano

A veces, estamos en lugares donde no merecíamos o no queríamos estar, pero en vez de reclamar, podemos hacer como José y ampliar nuestra red en la dirección de los mejores resultados. En esas ocasiones, actuar con inteligencia emocional es la mejor estrategia. Deja de lado el rencor, la pena, y piensa en lo que está por delante; visualiza el futuro que deseas.

> *Por la mañana siembra tu semilla, y a la tarde no dejes reposar tu mano; porque no sabes cuál es lo mejor, si esto o aquello, o si lo uno y lo otro es igualmente bueno* (Eclesiastés 11: 6).

*Networking* no es tener el contacto de varias personas en tu *WhatsApp*, sino de aquellos que mencionen tu nombre en lugares estratégicos.

¿Tienes relaciones así? ¿Tienes personas que piensan en ti cuando están delante de reyes? ¿Quién de tu *networking* está en la «parte de arriba de la rueda" y desea llevarte allí?

En el libro de Éxodo 33:17, leemos:

> *Y Jehová dijo a Moisés: También haré esto que has dicho, por cuanto has hallado gracia en mis ojos, y te he conocido por tu nombre.*

Moisés tenía a Dios en su red de relaciones. ¿Qué había hecho o había logrado para conseguirlo? No tengo duda de que muchas cosas que he conquistado en la vida, muchos de los lugares de honor a los que he sido invitado, son conquistas que debo agradecer a mi *networking*. Por ello, siempre he dado valor a mis contactos.

Recuerda que esto también se aplica en sentido negativo. Atraemos el tipo de persona que se identifica con nuestra esencia y con nuestro propósito. Necesitamos pasar siempre nuestra red de contactos por el "cernidor", pues seremos analizados y etiquetados por las personas con quienes estamos conectados. Quiero decir, que si en tu *networking* tienes personas de carácter dudoso, esa fama también te alcanzará a ti.

En una de las cenas más estratégicas a las que he sido invitado en mi vida, me sentía como un pez fuera del agua. Eran muchos caciques para que un "indio" como yo estuviera ahí. Voy a revelarte algo de mucho valor: a pesar de sentirme inhibido, le pregunté al anfitrión por qué estaba allí. Él respondió con una sonrisa: "¡Simplemente me has caído bien!" Así que, en esa situación, aplicaría uno de los versículos bíblicos: "Tiago halló gracia ante los ojos del anfitrión".

"Cuando pensé en invitarte a esta cena", dijo él, "solo indagué con quién te relacionabas, cuál es tu red de contactos, y me sentí seguro, confirmé que debías estar aquí."

> *Y Saúl envió a decir a Isaí: Yo te ruego que esté David conmigo, pues ha hallado gracia en mis ojos* (1 Samuel 16:22).

> *El que ama la limpieza de corazón, por la gracia de sus labios tendrá la amistad del rey* (Proverbios 22:11).

En un vuelo de Madrid a Tel Aviv, que dura como cinco horas, leí el libro *Hit Refresh* de Satya Nandella, CEO de Microsoft. El nombre de la obra en sí me llamó la atención por el tema de la actualización, pues es algo que estoy enseñando desde 2016. Sin embargo, lo que realmente me cautivó de las doscientas páginas que leí fue la revelación de Nandella al asegurar que siendo de la India e inmigrante en los Estados Unidos, sabía que dos cosas definieron su éxito:

1. la geografía donde estaba
2. el networking que desarrolló

Una de las frases destacadas del libro (el expresidente Barack Obama también lo mencionó alguna vez) es: "Mi historia no sería posible en ningún otro lugar del mundo".

Lo que este genio de la informática quiere decir es que no habría logrado destacar como lo hizo si se hubiera quedado en su país natal, aunque se supiera todos los códigos de computación, ya que en América (geografía correcta para el proyecto correcto) es donde fue valorado y donde estableció un importante *networking*.

Pero continuemos porque nuestra jornada apenas inicia...

“Las personas más portentosas en el mundo buscan y construyen redes; todos los demás buscan trabajo.” –Robert Kiyosaki

# 4

# EL PODER DE LA SABIDURÍA

*"Sabiduría ante todo; adquiere sabiduría."* Proverbios 4:7

Todo lo que implica una tradición, una cultura milenaria, debería ofrecer una respuesta correcta a ciertas cuestiones. ¿Por qué? Porque en una tradición, las cuestiones difíciles, complejas y delicadas ya fueron pensadas y repensadas exhaustivamente por múltiples mentes, en diferentes situaciones. ¿Me explico?

Para que cierta tradición llegara a una conclusión, fue necesario que pasaran años de filosofía y debates. De nuevo, es una inversión de la moneda más valiosa: tiempo. Por eso debemos observar ciertas tradiciones, porque son portadoras de la sabiduría de muchas personas, acumulada durante siglos de experiencia.

Es sorprendente lo que la tradición judía ofrece como respuesta a la pregunta "lo que es principal" en nuestra breve existencia aquí en la tierra. ¿Cómo el libro más antiguo y emblemático del mundo puede afirmar que la SABIDURÍA es lo principal en relación a todos los demás que podemos adquirir? ¡Vive! Pero sin sabiduría no vivirás mucho o vivirás muy mal.

El libro de Proverbios, en la Biblia, reúne el pensamiento de algunos hombres especiales del pasado, incluyendo algunos reyes. Este proverbio que cité, por ejemplo, fue escrito por Salomón. En la continuación del texto, que en realidad es una sesión de mentoría, el rey David instruye a su hijo Salomón a vender todo lo que poseía y a invertir en la adquisición de sabiduría.

Es complejo, pues la Biblia misma habla acerca de otros diversos poderes magníficos que pueden hacer la diferencia en la vida de una persona, como la fe, el amor y la esperanza. Por otra parte, nuestra generación parece tener mayor simpatía por esas cosas que por sabiduría.

No estamos muy acostumbrados a recibir un consejo de este tipo. Tal vez si habláramos sobre inteligencia, emocional o espiritual, nos sonaría mejor o nos convencería más. Pero sabiduría no suena muy actual. A veces parece algo «antiguo, anticuado" porque asociamos la imagen de un sabio con una persona anciana y alejada del mundo real.

Sin embargo, siempre he pensado diferente al respecto, pues pedí sabiduría a Dios cuando era joven, y como regalo, gané inteligencia emocional a lo largo de los años.

Cierto día, mientras iba por las calles agitadas de São Paulo, me acordé de un gran líder mexicano que, además de amigo personal, fue un valioso incentivo en mi carrera como escritor para los lectores de América Latina. En aquel momento, estaba reflexionando sobre los mayores poderes del mundo, y mi mente parecía una carrera de fórmula 1 de tan rápido que iban mis pensamientos.

Continuaba en mi esfuerzo por reunir nombres de personas especiales e influyentes que conocían los poderes que gobiernan el mundo para que pudieran compartirme respuestas que contribuyeran con este libro.

Cuando vino a mi memoria la experiencia y los resultados de este querido mexicano, detuve el auto inmediatamente, agarré mi teléfono, y le envié un audio por *WhatsApp*. Realmente estaba ansioso por saber su opinión sobre cuál sería el mayor poder del mundo.

Efectivamente, él tendría una buena y sugestiva pista, pues además de ser un hombre maduro y haber vivido muchas experiencias, es mentor de una gran red que reúne a pastores y líderes de las tres Américas.

El audio fue recibido apenas lo saludé, y disparé la pregunta: "Según su perspectiva, ¿cuál es el mayor poder del mundo?".

Una vez más la primera impresión fue la misma de otros amigos a quienes hice la pregunta. Él rió, pero esta vez rió muy alto, seguido de un susurro: "Estos jóvenes..." Pero contrario a lo que esperaba, no ofreció una respuesta a la misma velocidad que su risa, sino que relató una historia:

"Cuando mi abuelo estaba a punto de morir, me acerqué a su cama y le pregunté: 'Abuelo, ¿le gustaría volver a ser joven y vivir todo de nuevo?' El viejito sonrió y dijo: '¡Solo si puedo llevar conmigo la sabiduría que tengo hoy!'"

Nos despedimos enseguida, porque ya había entendido que la sabiduría, en su opinión, era la respuesta a mi pregunta. En particular, debo confesar que este es el poder que siempre me ha llamado la atención. Más que dinero o cualquier otra cosa, ser sabio siempre ha sido un objetivo de vida para mí.

"Si no quieres que nadie lo sepa, entonces no lo hagas." –Proverbio chino

Recuerdo bien que cuando era adolescente oraba así: «Señor, dame la sabiduría de un hombre de sesenta años, aunque no haya llegado a los veinte".

Crecí viendo a mi abuelo, el papá de mi papá, leyendo libros y tecleando textos en su vieja máquina de escribir. Él vivía prácticamente frente a nuestra casa. Como pastor bautista y oficial militar, Misael Lustosa Brunet era una figura de autoridad y sabiduría para todos sus hijos y nietos. Siempre que teníamos dudas o necesitábamos tomar decisiones, buscábamos su consejo.

Fue en esa etapa de mi vida que entendí que la sabiduría es el camino que te lleva a la madurez y que hace la diferencia para un ser humano, ya que puede ser una de las puertas para lograr una vida extraordinaria. Aunque yo era un niño cuando veía a mi abuelo en sus actividades intelectuales, entendía que necesitaba leer y escribir para obtener sabiduría. Por lo menos, ese era mi razonamiento a los ocho años de edad.

La madurez no tiene que ver con la edad, sino con responsabilidades asumidas y batallas ganadas. Desafortunadamente, no aprendí ese principio estudiando, sino luchando en la vida. Cuanta más sabiduría busca una persona, más madurez alcanza.

Salomón, quien escribió la mayoría de los versículos del libro de Proverbios de la Biblia, también fue autor de otro libro, Eclesiastés, donde leemos:

> *Porque escudo es la ciencia, y escudo es el dinero: más la sabiduría excede, en que da vida a sus poseedores* (Eclesiastés 7:12).

La sabiduría, además de traer madurez, da vida a quien la adquiere. ¿Cuándo has visto a un sabio discutiendo en un bar y recibiendo un disparo? Los sabios no solo escogen bien por dónde andan, también son dueños de sus reacciones.

**¿Para qué sirve este poder?**

Imagina que tienes sabiduría y estás al frente de un gran emprendimiento, pero una fatalidad provoca que las cosas no funcionen y el negocio sufre una quiebra o algo así. Muchas personas, apegadas a los aspectos materiales de la vida, se desesperarían, se deprimirían; otras podrían verse frente a un intento de suicidio, como vemos en las noticias.

Pero el sabio, el que guarda su tesoro en el corazón y no en el banco, enfrenta los hechos, reflexiona sobre sus fallas, vislumbra el futuro que desea y reanuda su gestión. La resiliencia es uno de los atributos de la sabiduría.

> “El inteligente consigue salir de un pozo donde el sabio nunca caería.”

¡Eso es! Lo he experimentado en mi vida. La sabiduría, a pesar de no estar disponible en la tierra de los vivientes (ver Job 28:12), no cae del cielo.

En mi caso, los dolores de la vida, las pérdidas sobre la marcha, las profundas frustraciones, la decepción que han provocado algunas personas, la quiebra financiera y otros factores, me ayudaron a alcanzar este poder. Adquirí sabiduría con el tiempo que he invertido en investigar, leer, orar específicamente para pedirla, aprender en cursos y convivencia con algunos sabios, todo durante las crisis que he enfrentado.

> La crisis no te da sabiduría en sí; sino que provoca la oportunidad para que entiendas que la necesitas desesperadamente.

Cuando percibí que si hubiera tenido sabiduría no habría pasado por tantos días malos, decidí colocarla como prioridad en la búsqueda de algo trascendente.

En Santiago 1:5, la Biblia dice:

> *Y si alguno de vosotros tiene falta de sabiduría, pídala a Dios, el cual da a todos abundantemente y sin reproche, y le será dada.*

Esto no quiere decir que cuando se la pidas, instantáneamente obtendrás sabiduría, como si entrara en ti mágicamente. En verdad, Dios provocará situaciones para que adquieras este poder. En mi caso, fue una gran quiebra financiera la que abrió mi mente al aprendizaje y a la búsqueda de sabiduría.

¿Cuántas oportunidades has tenido para adquirir sabiduría, pero has preferido interpretarlas solo como problemas de la vida? ¿Recuerdas la última cosa que aprendiste después de una dificultad? Si es así, estás evolucionando, estás creciendo en sabiduría.

> Quien tiene dinero, pero no tiene sabiduría, pierde el dinero. A quien tiene sabiduría, el dinero lo alcanza.

"El silencio es oro, muchas veces también es la respuesta."
–Autor desconocido

¿Percibes la diferencia entre poseer el dinero, que también es un súper poder, y tener sabiduría? La sabiduría dice, en Proverbios 8:17: "*Yo amo a los que me aman*".

¡La amo demasiado! Muchos líderes y gobernantes que entrevistamos escogieron la sabiduría como el mayor poder del mundo. Estos entrevistados están al frente de un número significativo de líderes que gobiernan sobre muchas personas en sus iglesias, comunidades o ciudad.

¡La sabiduría es inalcanzable para aquellos que no ven su valor! Hombres como el Dalai Lama son reconocidos mundialmente por la fe que profesan y por la sabiduría que transmiten. Muchos conquistaron cosas grandiosas por la fe, pero no consiguieron mantener muchas de ellas por falta de sabiduría.

> "El poder de la fe te hace conquistar lo imposible. La sabiduría te ayuda a administrar todo eso."

El trato con las personas requiere sabiduría además de carisma, simpatía, buena apariencia, elocuencia, persuasión, buen maquillaje e iluminación en un escenario, entre otros muchos elementos que podríamos enumerar. Grandes líderes que enseñaron sobre la vida fueron directamente al punto importante: la sabiduría es lo que realmente vale la pena para alcanzar el éxito.

Aunque no es algo fácil de adquirir porque es diferente a la inteligencia, viene con el tiempo y con las experiencias. Se aferra a ti a través de la lectura de libros, en el proceso de superar problemas y en la convivencia con quien ya alcanzó este valioso tesoro.

"Solo sé que no sé nada." –Sócrates

**¿Has visto algún sabio orgulloso e inmaduro?**

La inteligencia se produce por cuestiones biológicas. La psicología y la biología lo demuestran. La persona puede nacer con predisposición genética para ser inteligente en algún sentido, así que todo *homo sapiens* es inteligente por definición.

Sin embargo, se puede adquirir inteligencia específica y técnica estudiando, calificándose, preparándose al lado de los mejores, de los líderes correctos, como ya escribí sobre el dinero.

La sabiduría ¡no! Demanda tiempo, cultivo, paciencia, sensibilidad, mucha observación, reflexión y pasión por el conocimiento. Por eso es preciosa y es para pocos.

La sabiduría es como la perla. ¿Has visto una perla formándose? Nadie la ha visto porque las mejores perlas se forman en el fondo del mar, dentro de ostras, pero no de cualquier ostra. Todo empieza con un grano de arena que, con el tiempo, se convierte en una de las más bellas y valiosas joyas.

> “El poder de la sabiduría atrae
> la humildad en tu vida.”

Este es el lugar más alto a donde la sabiduría te llevará: la cumbre de la humildad.

> *Pero él da mayor gracia. Por esto dice: Dios resiste a los soberbios, y da gracia a los humildes* (Santiago 4:6).
>
> *Igualmente, jóvenes, estad sujetos a los ancianos; y todos, sumisos unos a otros, revestíos de humildad; porque: Dios resiste a los soberbios, Y da gracia a los humildes* (1 Pedro 5:5).

Cuanta más sabiduría, más humildad. Cuanta más humildad, más gracia delante de Dios y de los hombres.

> La sabiduría y la gracia tienen algo en común: todos quieren estar cerca de quienes la tienen.

Es un irresistible poder de atracción. Bebe más de esa fuente: la sabiduría es alimentada por la instrucción (ver Proverbios 9:9). A diferencia de los mandamientos que son eternos y colectivos, la instrucción es temporal y personal.

"No robarás" es uno de los diez mandamientos. Esto vale para todos, y después de milenios sigue siendo un mandamiento válido.

La instrucción: *"Abram: Vete de tu tierra y de tu parentela, y de la casa de tu padre, a la tierra que te mostraré"* (Génesis 12:1). Esto vale solo para Abraham, y solo serviría en aquel tiempo. Valora la instrucción, pues es la que da los nutrientes a las células de la sabiduría.

*"El que anda con sabios, sabio será"* (Proverbios 13:20). No solo las cosas malas, como ciertas enfermedades, son contagiosas. En verdad, el amor, la esperanza, la fe y la propia sabiduría pueden ser aprendidos con la exposición frecuente a estos poderes.

La sabiduría es contagiosa. Si convives con alguien que tiene respuestas asertivas, que piensa antes de hablar, que tiene madurez para lidiar con desafíos, humildad para servir a todos, cuando te das cuenta, ya deseas ser igual a esa persona.

*"Tesoro precioso y aceite hay en la casa del sabio"* (Proverbios 21:20). He conocido sabios que por libre y espontánea voluntad

quisieron renunciar a las riquezas y vivir recluidos en lugares apartados para crecer espiritualmente y evolucionar como seres humanos; con ese objetivo fueron a servir a algún monasterio o alguna comunidad.

Pero no encontramos en la historia un sabio que quiera prosperar financieramente y no lo logre. Dice Proverbios 8:18 que "*Las riquezas y la honra están conmigo*". Quien tiene sabiduría, no sufrirá por falta de recursos y de honra.

"*Porque el que me halle, hallará la vida, y alcanzará el favor de Jehová*" (Proverbios 8:35). Favor es sinónimo de gracia. ¿Recuerdas la historia de Ester? Ella tuvo favor delante del rey y se convirtió en la reina. No creo que ella fuera la mejor del harem real, sino que tenía gracia. La sabiduría te regala el favor. Y eso, en general, ya es más que suficiente.

Además, "*La sabiduría fortalece al sabio más que diez poderosos que haya en una ciudad*" (Eclesiastés 7:19). La sabiduría es un equilibrio para la fuerza. Muchos valientes han intentado tomar una ciudad durante meses. Un sabio haría lo mismo en apenas un día. "*Entonces, dije yo: Mejor es la sabiduría que la fuerza*" (Eclesiastés 9:16a).

## Todo poder tiene límites.

Salomón, siendo el hombre más sabio que el mundo ha conocido, murió de forma poco memorable. Lo peor fue que el reino de Israel se dividió en dos después de su muerte, y todo a causa de sus malas decisiones, porque aunque no se dejaba llevar por las circunstancias, escuchaba los consejos equivocados que lo llevaron a su ruina. ¿Cómo es posible? ¿La sabiduría tiene límites? ¿No es más que suficiente?

"Lo que sabemos es una gota; lo que ignoramos es un océano." –Isaac Newton

Lee lo que escribió un médico de origen griego, en los tiempos de Jesús: "*Y el niño crecía y se fortalecía, y se llenaba de sabiduría; y la gracia de Dios era sobre él*" (Lucas 2:40). En el mismo libro, Lucas también escribió: "*Y Jesús crecía en sabiduría y en estatura, y en gracia para con Dios y los hombres*" (Lucas 2:52).

¿Esto te dice algo? Los poderes de este mundo que no estén sujetos al mayor de todos, nunca serán suficientes. Conquista todos los poderes disponibles y únelos al mayor poder del mundo, del que aún no hemos hablado, así que avancemos porque todavía hay camino por andar...

# 5

# EL PODER DE UN SUEÑO

"Yo tengo un sueño." –Martin Luther King Jr.

No todas las personas son soñadoras. La humanidad es una inmensa e interminable frazada de buenos retazos, formada por una variedad infinita de personas, cada una con las expectativas más inusuales. Tú y yo ni siquiera podemos imaginarla.

La mente humana es limitada, pero si hay algo que rompe las fronteras del pensamiento son los SUEÑOS. Y en ese universo increíble de seres humanos únicos y diferenciados, hay personas que se adaptan al sueño y proyecto de otros porque son compatibles. Al final, todos se sienten realizados. No hay nada malo en contribuir a que el sueño de alguien se realice, principalmente cuando está alineado al mío y genera resultados que benefician a muchos.

Si tú y yo nos alejamos y miramos críticamente ese inmenso proyecto llamado humanidad, notaremos que este fenómeno de entrelazar propósitos tiene sentido: es necesario que unos tengan sueños y que otros sean los ingenieros y constructores de esos sueños. Si cada uno de nosotros tuviera un sueño diferente, ¿cómo haríamos para reunir recursos y capital humano en la estructuración de cada uno de esos trillones de proyectos independientes?

Mira esto: yo necesito de alguien para cuidar de mi imagen en las redes sociales, de alguien más para trabajar en la producción y edición de mis videos, de otra persona para revisar mis textos, otra para gestionar y organizar nuestros congresos, y otras más para ayudar a esas personas. Y eso sin contar los líderes en quienes me inspiro, que a través de la mentoría extraen lo mejor de mí. Si esas personas que me apoyan estuvieran desalineadas con mi propósito y cada uno anhelara otros sueños, ¿quién haría todo esto?

Lo mejor es que los sueños de ellos encajan en mi proyecto. Es así como la persona que produce los videos se siente realizada porque está cumpliendo su propio sueño al aportar su talento a mi propuesta. Al final, todos estamos conectados. ¿Te das cuenta que desde esa perspectiva, el mundo es un inmenso engranaje donde cada persona es especial e indispensable en la posición donde está? Descubre cuál es tu sueño y busca con cuál otro sueño se integra.

Bueno, eso no es una novedad. Los griegos, pioneros del pensamiento, lo dijeron cuatrocientos años antes de Cristo. Aristóteles decía que cada persona necesita saber su función en la república. Cumpliendo bien su función sería feliz y contribuiría con el bien común. No todos necesitan ser, por ejemplo, Martin Luther King. Algunos serán el "equipo" que provocaba que todo sucediera. Y esto también es digno de reconocimiento porque sin un equipo, el sueño se volvería imposible.

Pablo, de la misma manera, escribió a los corintios, el pueblo de Grecia, diciendo que la comunidad de la fe era como un cuerpo donde los miembros que parecen ser los más pequeños y débiles son necesarios para el perfecto funcionamiento de las demás partes.

### ¡Intenta correr sin el dedo gordo del pie!

Si tomamos como ejemplo una pareja, ya hay un dicho popular que habla de eso: "Detrás de un gran hombre siempre hay una gran mujer."

Si los sueños de mi esposa Jeanine no estuvieran alineados a los míos, ¿quién cuidaría de mis espaldas como solo ella lo hace? Faraón necesitó de José para interpretar y cumplir con el sueño que le daba instrucciones específicas para evitar un desastre mundial. Hay personas que son mucho más poderosas que tú y serán usadas para apoyar tu sueño.

¿Y si el patrocinador de un atleta de alto rendimiento quisiera ser la estrella principal de las Olimpiadas? Cada uno nació para servir a la humanidad dentro de su propósito. Y la felicidad y la satisfacción encuentran a los que cumplen sus propósitos.

Nadie se destaca ni se hace grande solo, por su propia cuenta. Siempre necesitamos unos de otros. Y aun aquellos que aparecen poco, muchas veces son los responsables del éxito de aquellos que son más visibles.

Como has notado y aún verás en las páginas de este libro, existen poderes distintos que rigen el mundo, que lo organizan, que agregan personas y esfuerzos en torno a un objetivo. Las personas realmente pagan lo que pueden para obtenerlos, se esfuerzan, luchan (a menudo ilegítimamente) para poseerlos.

Muchas personas matan y mueren por DINERO. Hay quien engaña para obtener INFORMACIÓN privilegiada. Otros alcanzan logros extraordinarios por la FE, mientras algunos ascienden en la estructura social gracias a su *NETWORKING*.

"La esperanza es el sueño del hombre despierto." –Aristóteles

Pero no olvidemos que también existen los "resilientes extraordinarios". ¿Quiénes son?

No son solo los que no desisten o que resisten cambios drásticos. También son los soñadores que hacen realidad sus anhelos. Son personas que sueñan con algo que las cautiva, las provoca y estimula, y viven para la ejecución y logro de ese sueño. Los soñadores son personas comunes como tú y yo, pero que tienen una idea fija y especial.

Es el sueño lo que hace a las personas comunes trazar una trayectoria diferente e histórica. El soñador tendrá pensamientos diferentes, inusuales, fuera de la curva y de la caja, porque no avanza en el mismo caminar de la masa, camina hacia la realización de su sueño, y para lograrlo, no puede seguir los pasos de la mayoría. ¡Esa persona debe ir detrás de quienes son piezas clave porque le ayudarán a llegar a su meta! Un sueño sin el poder de *Networking* tiene pocas posibilidades de sobrevivencia.

Vi una de las películas sobre el gran Edson Arantes do Nascimento, Pelé, el Rey del Fútbol. He viajado de oriente a occidente por países de los hemisferios Norte y Sur, y no hay un solo lugar que haya visitado donde las personas no conozcan a este brasileño de piel oscura que nació pobre en un país del tercer mundo, un país subdesarrollado.

¿Una persona así tendría oportunidad para convertirse en alguien mundialmente reconocido y premiado? No. ¿Y cómo lo logró? Pelé tuvo un sueño y lo alcanzó.

En la película sobre su vida, él lo cuenta y sus amigos atletas lo confirman. Cuando terminaba el entrenamiento del equipo, Pelé no seguía a sus compañeros a la ducha y el descanso. Cuando todos se iban, él continuaba, aunque fuera solo. Entrenaba técnicas de fútbol, especialmente aquellas en las que no era tan bueno, como el cabeceo y los cobros de falta.

Pelé destacó de tal manera que se convirtió en el deportista más importante de su tiempo, el atleta emblemático del siglo XX. Hasta hoy, es reconocido como un deportista completo que dominó todas las técnicas de su arte, el fútbol, al ser buen cabeceador, bueno en tiros a distancia, bueno con la pierna izquierda, bueno en cobrar faltas y, sobre todo, un artillero destacado. Pero hay algo curioso que todavía no he mencionado.

Cerca del final de la película, se dedicó un momento en el que los amigos de Pelé confesaron una particularidad. Cuando ellos dormían en el sitio donde se concentraban antes de los partidos, era frecuente que despertaran en medio de la noche porque Pelé gritaba: "¡Es gol! ¡Es gol! ¡Es gol!"

Pelé pasaba tanto tiempo de su vida soñando despierto y su enfoque en alcanzar objetivos específicos era tan intenso, que dominaba su alma, al punto de invadir sus sueños por la noche.

Hasta hoy, cuarenta años después de haberse retirado, en 1977, en Estados Unidos, Pelé es uno de los atletas más exitosos de la historia. Para superar su marca de 1281 goles en 1363 partidos, mientras escribo este libro, habría que añadir los números de Neymar (300 goles), Messi (571 goles) y Cristiano Ronaldo (615 goles).

Otra historia que me hace pensar sobre el poder de un sueño es conocida entre los brasileños, y también se convirtió en una película: la de los cantantes Zezé di Camargo y Luciano, un exitoso dúo de música popular brasileña. En el cine fue llamada «Los hijos de Francisco".

¿Sabes por qué la película lleva ese nombre? Porque el sueño no era solamente del dúo, sino de su padre, el señor Francisco. Él gastaba su salario de obrero en fichas de teléfono, además, pedía que todos sus compañeros de trabajo escucharan la radio local y llamaran para pedir la música de sus hijos. Confieso que lloré viendo esta parte de la película. ¿Cómo es que alguien puede soñar por otra persona?

Los soñadores no se enfrentan a los problemas de la vida como una persona común. Un sueño puede tener la capacidad de anestesiarte de tal forma que los dolores y contrariedades no llegan a ser tan intensos, porque son eclipsados con el poder del anhelo. Pregunta al señor Francisco si los tiempos difíciles lo hirieron en el proceso de ayudar a sus hijos a triunfar. Ciertamente, él estaba anestesiado, porque quien está al lado, en general, sufre más que el soñador.

> Un sueño es el mejor analgésico
> contra los dolores de la vida.

En la galería de los mayores soñadores de todos los tiempos, encontramos a un joven negro, pastor cristiano por formación y activista social por pasión. Mundialmente conocido, Premio Nobel de la Paz en el 1964, personalidad que me atrae (y lo menciono en varias ocasiones) porque es toda una inspiración. Hablo de Martin Luther King Jr.

Luther King nació en Atlanta, el 15 de enero de 1929. Se graduó en el Morelhouse College en la misma ciudad y recibió el diploma del Seminario Teológico Cozer en Pensilvania. Después, estudió en las universidades de Harvard y Pensilvania para obtener un doctorado en filosofía. Además, acumuló más de veinte diplomas honoríficos, otorgados por universidades norteamericanas y extranjeras.

"Soñar es despertarse interiormente." – Mario Quintana

Esto bastaría para colocarlo a un nivel privilegiado, uno que han alcanzado muy pocas personas en el mundo, especialmente en su época. Pero él no se destacó por sus diplomas. Luther King fue un pastor bautista de los Estados Unidos en un período difícil de aquella sociedad.

Los negros sufrían una fuerte segregación racial, eran discriminados, perseguidos por grupos de racistas intolerantes, por la policía, incluso los vecinos; ellos no tenían oportunidad de buenos empleos y su libertad era bastante limitada en todos los espacios públicos. Él se inspiró, además de la lectura bíblica, en el modelo de Mahatma Gandhi de la India, que hacía resistencia civil sin violencia. Luther King enseñó y orientó a los negros de su barrio a nunca reaccionar cuando los blancos, civiles o policías vinieran a enfrentarlos, provocarlos e incluso cuando los agredieran.

Su disciplina debería ser consistente, decía él, si querían alcanzar un objetivo concreto y duradero. En uno de sus libros, escribió: "La década de 1955 a 1965, con sus elementos constructivos, nos engañó. Todo el mundo subestimó la cantidad de violencia y de ira que los negros contenían y la cantidad de racismo que la mayoría blanca estaba disfrazando".

Él estaba convencido de que los blancos que los oprimían no eran los verdaderos enemigos. Sobre esto, escribió: "Para desarrollar una conciencia negra no hay que despreciar a la raza blanca como un todo. No es contra la raza que luchamos, sino contra las políticas y la ideología que los líderes de esa raza formulan a fin de perpetuar la opresión".

Para él, su causa no era una lucha por la libertad, sino que estaba basada en convicciones comunes a todos, y tenía un sentido de dirección muy claro: "En ausencia de un propósito moral, el hombre se vuelve pequeño a medida que sus obras crecen".

Debido a la causa que defendió en representación de millones de negros en Estados Unidos, King fue arrestado varias veces y humillado en público; su casa fue apedreada; sus hijos fueron amenazados; miembros del Ku Klux Klan, en el sur del país, dispararon su odio contra él varias veces. Pero él nunca se detuvo o desistió. Al contrario, decía: "Igualaremos su capacidad de infligir sufrimiento con nuestra capacidad de soportarlo. Enfrentaremos su fuerza física con nuestra fuerza moral".

Quien tiene un sueño y lo persigue se anestesia para soportar los dolores de la vida. Recibe golpes, recibe y recibe, se levanta, se sacude el polvo, y vuelve a hacer lo que su corazón le dicta.

Como sucedió con Pablo, el apóstol, cuando estaba en la ciudad de Listra; fue apedreado y arrastrado fuera de la ciudad. Lo dejaron tirado porque pensaron que estaba muerto (ver Hechos 14:19-20). Sus discípulos se acercaron y se dieron cuenta de que todavía vivía. De repente, Pablo se levantó, se sacudió, y entró en la ciudad nuevamente para continuar su misión, para realizar su sueño.

El Dr. King organizó marchas en varias ciudades para demostrar la unidad del pueblo negro, y jamás lo hizo con ira, revanchismo o pretensión de medir fuerzas con nadie. En la emblemática Marcha de Chicago, los elementos para una lucha campal estaban ahí. Al lado del pastor King, había miembros de varias bandas criminales de la ciudad.

Él dijo: "Teníamos algunos jefes e integrantes de pandillas en nuestras filas. Recuerdo marchar con los *Blackstone Rangers,* mientras las botellas eran lanzadas contra nosotros, golpeándonos y ensangrentándonos. Ninguno de ellos abandonó la marcha o reaccionó con violencia".

Finalmente, en Washington, luego de una gran marcha, la multitud de blancos y negros se detuvo y él tomó la palabra. Nadie imaginaba lo que sucedería en el siguiente instante; él entraría a la historia. Era 1963, un día caluroso de agosto. En su libro dice que habló a la nación sobre el sueño que tuvo.

Pero titubeó por momentos cuando intentaba decir lo que había planeado para aquella ocasión. Frente a él, Mahalia Jackson, una de las voces más bellas del género musical góspel afroamericano de Estados Unidos, decía: "Martin, hable del sueño... hable del sueño, Martin".

Por fin, viendo que el sermón que había preparado no fluía, Martin Luther King dejó de lado las formalidades y abrió su corazón:

> "Sí, yo también soy víctima de sueños aplastados, de esperanzas desgarradas [...] Cuando se pierde la esperanza, se pierde también aquella vitalidad que hace que la vida continúe, ese coraje de existir y de proseguir, a pesar de todo. Por eso, hoy en día todavía tengo un sueño.
>
> "Yo tengo un sueño de que un día, los hombres se levantarán y se darán cuenta de cómo se hace para vivir unos con otros como hermanos.
>
> "Esta mañana, todavía tengo el sueño de que un día, todos los negros de este país, todas las personas de color del mundo, serán juzgados en base a su carácter, no por el color de su piel, y de que todos los hombres respetarán la dignidad y el valor de la humanidad."

El discurso siguió describiendo los sueños que deben ser los nuestros, incluso hoy, no solo por las conquistas positivas que lograremos cada uno de nosotros y nuestros hijos, sino porque todos necesitamos soñar, soñar para nosotros, para nuestra familia y el prójimo.

No importa el tamaño de tu sueño, no puedes privarte de soñarlo. Soñar es tu derecho, es parte de ejercer tu libertad. El sueño muestra el futuro y lo blinda, lo refuerza en el proceso que se extiende hasta que se cumple.

En el libro de Génesis 37, leemos que José tuvo un sueño siendo adolescente, y por eso comenzó a ser odiado dentro de su propia casa. Las personas de su familia no comprendieron que su sueño beneficiaría a todos, pero eso solo sucedería unos treinta años más tarde.

**"Yo tuve un sueño."**

Si José no hubiera soñado y luchado por su sueño, todas aquellas personas habrían muerto de hambre. Un sueño salvó a la familia, protegió a una descendencia y abrió la puerta para que se formara una nación, la de Israel.

El blindaje que garantizó la perpetuación del pueblo judío, que siglos después recogería, entre otras conquistas, Premio Nobel, podemos decir que comenzó con un sueño. Soñar es gratis.

Como dice el mega empresario brasileño Jorge Paulo Lehman:

> "Soñar grande o soñar pequeño
> implica el mismo trabajo."

## ¿Cuánto vale un intérprete de sueños?

> *Y puso Dios a Daniel en gracia y en buena voluntad con el jefe de los eunucos* (Daniel 1:9).

Daniel no soñó. ¡Él interpretó sueños! Steve Jobs no inventó el *smartphone*, sino que interpretó cómo hacerlo de una forma absolutamente formidable. ¿Me entiendes?

La otra clase de personas que quisiera mencionar es la de aquellos que no sueñan, pero mejoran el sueño de los demás. Hay personas que no tienen ningún sueño, pero se hacen expertos en ayudar a realizar el de otros. Son verdaderos intérpretes de ideas y proyectos, realizadores, ejecutores del sueño que comenzó en otra persona.

Muchos que asistieron a la película "Hambre de poder", que cuenta la historia de los fundadores de McDonald's, la famosa red estadounidense de comida rápida, se enfadaron con Ray Kroc. Después de todo, él "robó" la idea inicial de los hermanos McDonald's. Kroc ejecutó el proyecto de transformar la pequeña cafetería de aquellos hermanos de California en la red más grande de franquicias de comida rápida en el mundo.

La pregunta es: ¿McDonald's existiría hoy si se hubiera quedado en manos de aquellos que soñaron con él? ¡Piensa en eso! Existen sueños que si se quedaran en las manos de quien los soñó, morirían.

## María, madre de Jesús

La Biblia no relata algún sueño de María. No cuenta que ella haya planeado algo y luchado por ello. Ella era una joven sencilla de una familia común de Nazaret. A pesar de que ella no tenía un sueño, Dios sí lo tenía y la incluía a ella.

> *Entonces el ángel le dijo: María, no temas, porque has hallado gracia delante de Dios* (Lucas 1:30).

¿Cómo es posible que una adolescente de una pequeña ciudad se convirtiera en la mujer más famosa de occidente? Ella no tenía estudios formales, no hizo curso preparatorio para ser madre. En aquella época, ser virgen no la diferenciaba de las niñas de su edad. María, según los relatos históricos, no estaba llena de talentos y conocimiento, pero estaba llena de gracia. Dios miró a María y percibió que podía contar con su ayuda. Lo que María tenía era perfecto para el plan de Dios. Y bastó para que ella se convirtiera en la actriz secundaria de la escena principal del teatro divino aquí en la tierra.

Cuando Dios quiso realizar su "mayor proyecto", contó con María para llevarlo en el vientre. ¿Ves? No todos soñarán. Pero hay espacio para que todos participen en un sueño y hagan historia.

Si María no hubiera colaborado con el proyecto de Dios, ¿cómo habría sido la trayectoria de Jesús, el hombre más famoso de la humanidad? Creas o no, te guste o no, Él lo es. Pero antes de convertirse en lo que se convirtió, fue necesario que María participara. Y ella cumplió muy bien su papel.

Al reflexionar sobre estos acontecimientos, percibí que TODO comienza con un sueño. Después de que José soñó, la vida comenzó. Las luchas comenzaron, el proceso se inició.

Un sueño es el inicio de TODO.

Siempre sentí confusión sobre lo que quería para mi vida hasta que comencé a soñar con educar a mi generación en las inteligencias emocional, financiera y espiritual. Cuando un sueño llega, la confusión se va.

## Dos tipos de sueño

Cuando José estaba en la cárcel, dos de sus compañeros tuvieron sueños. Encontramos la historia en el libro de Génesis, capítulo 40. El jefe de los coperos del rey soñó que exprimía uvas en un cáliz que servía al faraón. En el sueño del panadero, él cargaba panes y delicias reales en la cabeza, entonces las aves comenzaban a comer de lo que estaba en la cesta.

He descubierto que solo hay dos tipos de sueños: uno en el que tú les sirves a los demás, y el otro en el que solo te sirves a ti mismo.

El sueño de José alimentaría a todos; el de Martin Luther King Jr. brindaría derechos civiles y mejores oportunidades a los afroamericanos; el de Dios salvaría a la humanidad. ¿Cuál es tu sueño?

Continuemos... ¡cada vez estás más cerca del mayor poder del mundo!

"El futuro pertenece a aquellos que creen en la belleza de sus sueños." –Eleonor Roosevelt

# 6

# EL PODER DE LA FE

## LA FE MUEVE MONTAÑAS.

La afirmación anterior se hizo hace unos dos mil años. Me puedo imaginar cuántas personas han invertido tiempo, concentración, desapego de las cosas materiales, reflexión espiritual y otros esfuerzos para adquirir el poder y tener las condiciones para mover montañas. Hasta donde yo sé, no ha aparecido alguien capaz de demostrar que cualquiera de esas acciones pudiera funcionar. Este es el poder llamado fe.

Con toda la tecnología moderna y recursos científicos disponibles, el hombre de nuestra generación logró, a lo sumo, abrir un agujero en la montaña que obstaculizaba su camino, forrar ese agujero con hormigón armado y darle el nombre de túnel.

Pero, ¿transportar las montañas? Nunca, ni los mejores ingenieros del planeta lo han logrado. En el centro de Río de Janeiro, ciudad donde crecí, consiguieron explotar algunas montañas como ocurrió con el Morro do Castelo. A comienzos de 1920, Río de Janeiro pasó por una reforma urbanística, y el cerro fue demolido. Las tierras y piedras se usaron para nivelar ciertas áreas de la ciudad como partes de la Urca y de la Laguna Rodrigo de Freitas. Pero esto no es transportar la colina, ¿estás de acuerdo conmigo? Pues bien. ¿Qué poder sería necesario para eso? La respuesta está en la propia declaración: la fe.

Bueno, si la historia no nos presenta a alguien con esa competencia, la misma historia enseña que la fe ha llevado a personas comunes a realizar hechos extraordinarios, que no incluyen el traslado de una montaña.

A lo largo de mi carrera como investigador, escritor y orador, he entrevistado a empresarios para saber cómo alcanzaron el éxito. Muchos respondieron: "Simplemente creí, sin dudar nunca". Esto parece tener sentido para mí. Santiago, uno de los hermanos de Jesús, escribió lo siguiente:

> *Pero pida con fe, no dudando nada; porque el que duda es semejante a la onda del mar (...)* (Santiago 1:6).

¿Sabes cómo son las olas del mar? Ellas están siempre por allí, en la frontera, no avanzan más allá de cierto punto, como tampoco se aventuran mar adentro. Ellas van y vuelven, van y vuelven; siempre hacen el mismo movimiento. En otras palabras: ¡no salen del mismo lugar!

Esto nos enseña algo que debes memorizar:

> "La fe y la duda son enemigos. Cuando uno está, el otro desaparece."

No creas que soy un monje o un gurú, o que paso meses en el desierto en contemplación. Soy un sujeto de carne y hueso que se despierta cada mañana para trabajar o producir algo, tengo esposa y tres hijos que me necesitan, encuentro tráfico cada día y eso me estresa; espero en las filas para abordar aviones como cualquier otra persona.

Entonces, quiero explicar cuál es mi concepto de fe, pues estoy convencido de que lo que he logrado es resultado de CREER en lo que aún no existía, precisamente lo que tú también puedes hacer.

Entiendo que la fe es el conjunto de creencias (o principios de naturaleza espiritual) que rigen la vida de una persona. La fe es el lado a donde miramos cuando hay que tener esperanza o seguridad en aquellos momentos de dificultad.

> “¡Fe es lo que revelamos creer cuando llega el caos!”

Bueno, ten en cuenta que no estoy materializando mi fe; no estoy aplicándola a un objeto, a un lugar especial o a una persona como yo. El Talmud (una colección de escritos que reúne la antigua tradición de los sabios judíos) dice que la fe de una persona es su identidad. Después de todo, **eres lo que crees.**

En otras palabras, la sabiduría del Talmud está diciendo que hacemos cosas y organizamos nuestra vida, nuestras actitudes, nuestro comportamiento a partir de lo que realmente creemos.

De hecho, así es como actuamos. Nadie se esfuerza por algo que no cree, o por lo que supone que va a fallar. Por eso es importante tener tu mente clara respecto a cuáles son los valores que guían tu vida, cuáles son las creencias que organizan tus acciones, de dónde esperas que vengan tu seguridad y esperanza.

Tener claridad en esto equivale a una declaración de misión y valores, como lo que las empresas escriben y colocan en la recepción de sus oficinas. Pero es posible decir más sobre la fe.

La fe es la certeza de las cosas que nuestros ojos aún no ven, según la Biblia (ver Hebreos 11:1). Esperamos que sucedan ciertas situaciones y lo esperamos porque tenemos fe. ¿En qué se basaría la fe de algo que no puedo ver, pero estoy seguro de que sucederá? Debe haber una base sobre la cual esta fe/esperanza se apoye. ¿Por qué la fe es un poder que rige a la humanidad?

Las sectas y religiones creen, tienen convicciones, y todas exigen que sus adeptos tengan fe, ya que las promesas que hacen son particulares y específicas. El único elemento común en todas ellas es la fe.

La antropología y la sociología concuerdan en que la mayoría de las culturas y sociedades humanas muestras evidencia de que el hombre ha realizado prácticas, rutinas, rituales y otros elementos que apuntan a la presencia de la fe, independientemente del período.

En el pasado, la mayoría de las personas creía en una divinidad que habitaba en el cielo. Después de la Revolución Francesa e Industrial y del advenimiento de la ciencia moderna, una parte de la humanidad depositó su esperanza en la tecnología o en el propio ser humano. Sin embargo, la fe en la divinidad siempre ha crecido. En tiempos de crisis, crece aún más.

En siglos pasados, se mataba en nombre de la fe. Esta desagradable práctica parece haber resurgido con cierta fuerza en años recientes. Vemos atentados terroristas ejecutados por hombres de fe que asesinan a miles de personas inocentes. Y no solo ocurre dentro del campo tradicional de la creencia religiosa, como en las organizaciones islámicas radicales, sino también entre grupos políticos fanáticos o incluso entre simpatizantes de clubes de fútbol; ellos creen que su equipo es como un dios, así como los políticos piensan que el poder servirá de "mesías" para resolver las cuestiones sociales más delicadas.

La falsa fe, distorsionada y mal desarrollada tiene poder para lograr que las personas hagan cosas que podrían dañar incluso su cuerpo. Este daño puede ser físico y emocional, porque la fe arrebata a las personas sus facultades normales. Como ciertamente ya escuchamos por ahí, la fe puede ser ciega y motivar actos sin sentido, irreflexivos e incluso irracionales. Por eso, mucha atención con la fe. Es demasiado poderosa para ser interpretada de cualquier manera. La fe es un poder y da poder; quien la tiene sin preparación, puede usarla para manipular y herir a otros.

Dejemos de lado esta vertiente negativa sobre la fe, que está más relacionada con el fanatismo que con realmente creer en algo.

La fe provoca grandes impases y discusiones, pero también grandes conquistas. En la película de Hollywood "Hasta el último hombre", la fe del soldado fue la motivación para su heroísmo.

Esta es la historia de un soldado que resolvió no renunciar a lo que creía. A pesar de toda la presión externa, de abusos físicos y emocionales, no cedió ante sus compañeros y superiores que le exigían usar armas de fuego en el servicio militar. Fue un objetor por conciencia. Él siempre respondía: "Entré al ejército para salvar vidas, no para matar". Muchos de sus colegas se burlaban: "¡Vamos a ver a dónde te llevará la fe!" Él persistió, pues su fe no era negociable y venció; el ejército finalmente lo aceptó como médico y permitió que no usara armas de fuego.

"La fe es la única herramienta que da oportunidades reales de evolución al ser humano." –Tiago Brunet

La guerra llegó, y la película muestra un ataque que rodeó al batallón donde servía este joven médico. Y resulta que el héroe de la historia fue él porque su fe lo motivó a tener la valentía suficiente para rescatar a sus compañeros heridos en el campo de batalla enemigo. Hizo lo que sabía hacer, salvar vidas por fe.

Tu fe debe ponerse en acción cuando los ataques lleguen, cuando todos estén contra ti. ¡Incluso cuando la esperanza esté muriendo!

> “La fe es tan poderosa que es nuestro vínculo con la eternidad.”

La fe inteligente (como suele llamarse) no es irracional, aunque no siempre es lógica. Siempre se apoya en algo seguro, en un fundamento sólido. Sabe dónde se sostiene, pero no reconoce sus límites.

¿Has notado que, en algunos partidos de fútbol, alguna contienda deportiva o carrera de Fórmula 1, surge alguien con un cartel escrito: "Ya lo sabía", cuando su equipo o deportista obtiene la victoria? Es claro que las personas llevan el cartel con esa leyenda, pero solo la muestran si el resultado vale la pena.

Pues bien. Escriben el cartel con fe, con absoluta certeza de que su equipo vencerá. Lo hacen incluso antes de que inicie la competencia y están pendientes de que llegue el momento de mostrarlo.

Hay personas tan llenas de fe, pero tan llenas de fe, que cuando la conquista se materializa ni siquiera se sorprenden, como sucede con los aficionados que ven a su equipo dar vuelta a un partido que parecía perdido. El hecho de que no se sorprendan no tiene que ver con falta de sensibilidad. Es que la certeza de la victoria es tan grande que la euforia de la conquista llegó antes, cuando la fe se puso en acción. Y cuando todos están sorprendidos, esas personas solo exhiben la sonrisa del "ya lo sabía".

Ojalá pudiéramos vivir así; sin preocuparnos por el mañana, sin la carrera desenfrenada por la supervivencia. Pues cuando las cosas buenas acontezcan, sonreiríamos y levantaríamos el cartel de "ya lo sabía".

Estar seguro de que mañana será mejor que hoy es para pocos. Es solo para quien ha adquirido el poder de la fe. Por lo tanto, ya que casi nada viene a nosotros gratuitamente, procura adquirir y cultivar la fe, porque puede ser un factor de conquistas en tu viaje, una poderosa clave que abrirá puertas por las que no te imaginabas entrar. ¿Y cómo adquirir fe?

> "Usa la moneda correcta para adquirir fe."

"*La fe es* ***por el*** *oír, y* ***el*** *oír,* ***por*** *la palabra de Dios*" (Romanos 10:17). Quien escribió esto fue un judío de la ciudad de Tarso, por nombre Pablo (antes Saulo), que vivió en el primer siglo después del nacimiento de Cristo. La fe viene a nosotros por la audición, oyendo las cosas correctas, de la fuente correcta.

Estoy seguro de que millones de personas se imaginaron que para tener fe era necesario hacer largas oraciones, largos períodos de meditación y ayuno, alejarse de la sociedad, encerrarse en un monasterio o en un convento. ¡Nada de eso! La fe, ese ingrediente que mejora nuestra vida, que empodera nuestros sueños, que nos lleva de la tierra al cielo, es accesible incluso en los grandes centros agitados, en las megalópolis con tránsito, caos y personas que andan de un lado al otro sin detenerse.

La fe brota en el gesto de escuchar. Entra por el sentido de la audición, por lo que obtenerla no depende de una acción de nuestra parte. ¡Al contrario, adquirir fe es algo que se logra en quietud!

Escuchar es un gesto pasivo. El agente activo es quien habla. Es decir, cosas buenas en la vida e incluso los poderes vienen cuando uno se tranquiliza y no reacciona con desesperación. No se puede "correr detrás de la fe". Tú necesitas oír, el máximo tiempo posible, historias que hacen nacer y crecer este poder en ti.

¿Cuánto tiempo inviertes en oír? Porque esa es la moneda que usarás para adquirir este poder. ¿Lo comprendes? Si la fe se adquiere a medida que escuchamos, hay que dedicar tiempo en ello.

Tal vez no te hayas dado cuenta, pero los poderes del mundo están encadenados naturalmente unos con otros. Un poder depende de otro para tener un efecto real sobre las demás personas, y alcanzar a toda la humanidad. Voy a darte un ejemplo.

Es posible que conquistes la dirección de una gran empresa usando el poder de la fe. Sin embargo, después de la conquista, ¿cómo se mantendrá? Para lograrlo será necesaria una buena administración. Solo con fe nadie podrá prosperar una empresa. Se necesitará otro poder para dar los pasos siguientes. Estamos hablando de la sabiduría, sin la cual nunca administrarás bien un negocio, una familia o una institución.

La verdad sea dicha: sin sabiduría no administramos ni una pequeña empresa. Sin sabiduría es posible perder el matrimonio antes de tener hijos y formar una familia.

"Ore, pero siga remando hasta tierra firme." –Proverbio ruso

Pablo, el apóstol que he mencionado, quizá el mayor representante del cristianismo después de Cristo, escribió:

> *Y si tuviese toda la fe, de tal manera que trasladase los montes, y no tengo* ***amor****, nada soy* (1 Corintios 13:2).

Mira cómo la fe es importante, pero no es todo. Comenzamos este capítulo destacando la fe como un agente poderoso para transportar montañas, pero incluso la fe tiene sus limitaciones, y esas limitaciones se superan con poderes adicionales o complementarios, en este caso, el poder del amor.

¡Me perdonas, pero eso es demasiado para mí! ¿Los poderes dependen uno del otro? No necesariamente, pero cuando están juntos en una persona, la hacen tan fuerte que parece indestructible.

¿De qué le hubiera servido a José tener el poder de un sueño, si no hubiera podido confiar en que Dios estaba con él todo el tiempo? ¿Y qué hubiera sucedido si no formaba su *network* (red de contactos) que lo llevaría a niveles más altos?

Podría estar dando varios ejemplos de cómo los poderes se relacionan entre sí y organizan nuestra vida, nuestros pasos, la sociedad en general.

Quiero concluir este capítulo sobre la fe con una cita del Nuevo Testamento. De los 66 libros de la Biblia, el texto más importante en Occidente para los creyentes, ese versículo es contundente al explicar el poder de la fe.

El hecho de que necesitamos la unión de poderes para avanzar no disminuye en nada el poder de la fe. De hecho, según la Biblia, la fe es vida:

> *Mas el justo vivirá por fe; Y si retrocediere, no agradará a mi alma* (Hebreos 10:38).

"Solo hay dos maneras de vivir. Una es como si nada fuera un milagro, la otra es como si todo fuera un milagro." –Albert Einstein

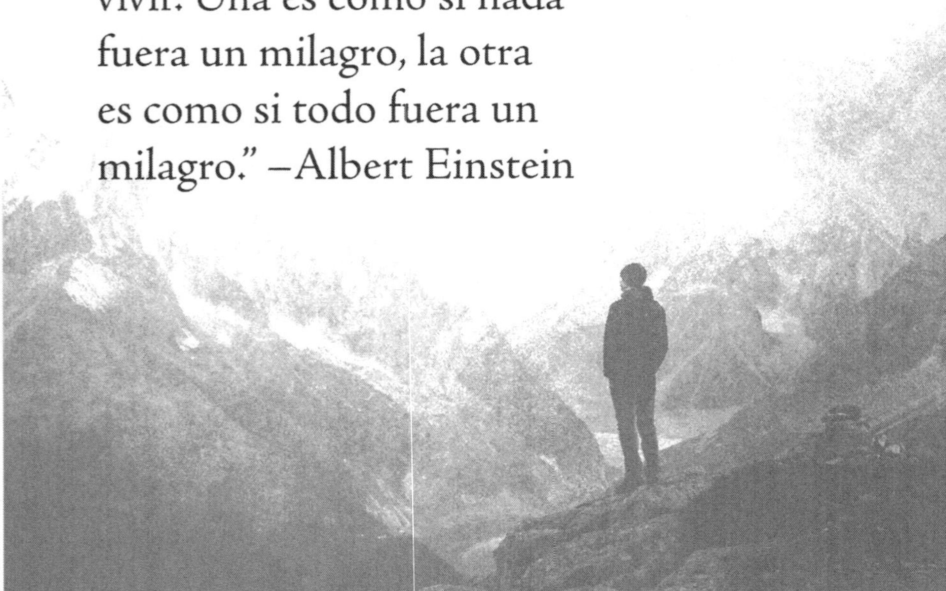

## ¡Sin fe es imposible agradar a Dios!

Cierta vez le pregunté a mi abuela Neucy: "Abuelita, ¿cómo logró criar a siete hijos, si yo paso apuros solo con tres?". Ella me sonrió y me dijo: "En mi época no tenía toda esta tecnología, escuelas privadas, transporte escolar, farmacias con entregas a domicilio y ni hablar de pañales desechables".

"Entonces, ¿cuál es la receta, abuela?". "Hoy en día sentimos miedo de dejar a nuestros hijos jugar en la calle, nos angustiamos por atrasarnos con el pago del plan de salud, somos rehenes de los regalos exigidos en las fechas conmemorativas creadas por el comercio. ¿Cómo era en su época, doña Neucy?".

Ella respondió: "Tiago, en mi época solo teníamos fe y todo salía bien".

Seguimos... Nuestra caminata por el sendero del conocimiento está llegando al final.

# 7

# EL PODER DEL AMOR

## EL AMOR ES MÁS FUERTE QUE LA MUERTE.

Llegamos a uno de los mayores poderes que el mundo conoció o conocerá. Diferenciar el "mayor poder del mundo" delante de la fuerza que la fe tiene y de la longevidad y profundidad del amor es una misión imposible.

Hasta aquí hemos realizado un examen minucioso de algunas características de cada poder, así como la aplicación de cada uno en las vidas de personalidades que hicieron historia y llevaron vidas extraordinarias. Ahora vamos a detenernos en la fuerza intrínseca, el poder del amor.

Para empezar, me gustaría buscar una definición de qué es el amor, y ciertamente personas de culturas diferentes pueden proporcionarnos las definiciones más dispares, créeme.

Las mejores definiciones sobre el amor, sin embargo, no vinieron de los textos de William Shakespeare, de Homero o de algún filósofo griego. Tampoco aparecen en las frases emblemáticas de la generación *Woodstock* o del movimiento *hippie* (paz y amor).

Sin duda, las mejores palabras sobre el amor, así como la definición más amplia, la encontramos en la Biblia. El concepto más fuerte y real que he leído sobre el amor está allí.

Mi noción de amor cambió por completo después de que visité decenas de veces la tierra de Israel. A pesar de haber tenido una educación cristiana, no fue eso lo que me convenció de la mayor prueba de amor del mundo. ¡La cruz fue lo que me convenció del poder del amor!

Lo que me paralizó a punto de revolucionar mi mente y quitarme el sueño, fueron las palabras contenidas en cada verso de las Escrituras milenarias. Los códigos judíos, los sabios de Sión y la superación del pueblo hebreo me enseñaron mucho, pero nada se comparó con la historia de amor entre Dios y la humanidad que la Biblia nos revela, y que se ha comprobado a través de las crónicas. La verdad que descubrí, leyendo cientos de libros desde filosofía griega hasta revoluciones contemporáneas es que:

> “Nadie representó el amor como Jesús.
> Nadie amó y ama tanto como Dios.”

Y lo siento por ser enfático, realmente eso no es cuestión de religión, sino de matemáticas.

Calcula las pruebas de amor que el Creador nos ha dado y compáralas con cualquier historia romántica en el mundo. Incluso hablando de matemáticas, quisiera mencionar al joven matemático de la India, Srinivasa Ramanujan (1887 - 1920): *“Una ecuación no tiene sentido para mí, si no expresa un pensamiento de Dios”.*

Las Escrituras judío-cristianas, en ciertos aspectos, se parecen a una novela entre el Creador y la humanidad, describiendo cómo esa relación se dio entre errores y aciertos, idas y venidas, búsquedas y pérdidas, distanciamientos y aproximaciones. Es realmente una historia personal muy marcada.

Veamos, por ejemplo, en uno de los más famosos versículos bíblicos, lo que Jesús dijo acerca del amor de Dios por nosotros:

> *Porque de tal manera amó Dios al mundo, que ha dado a su Hijo unigénito, para que todo aquel que en él cree, no se pierda, mas tenga vida eterna* (Juan 3:16).

Dar es algo que solo las personas que son y que están completas en sí mismas pueden hacer. Dar a su único hijo para rescatar a una persona hostil es, pienso, la mayor prueba de amor.

Amar es renunciar a tus derechos para que otro disfrute. Esto sucede mucho entre padres e hijos. ¿Cuántos padres han dejado de comer para que los hijos se alimenten?

Esas fueron algunas palabras de Jesús sobre el amor de Dios. Pero la Biblia trae más sobre el tema, palabras que también fueron escritas por un autor de la época. La carta de amor más profunda que he leído está en 1 Corintios 13.

Sí, adivinaste, de nuevo me remito a Pablo, uno de los primeros apóstoles del cristianismo. La Iglesia aún era un movimiento sectario dentro del judaísmo cuando él escribió para quienes se reunía en una casa en la ciudad de Corinto, en Grecia, esta frase que ya te he compartido:

> *Si tuviese toda la fe, de tal manera que trasladase los montes, y no tengo amor, nada soy* (1 Corintos 13:2).

Recientemente, mi esposa me sorprendió con una pregunta: «¿Tiago, tú realmente crees en el amor entre hombre y mujer, el amor de una pareja?".

Primero vino el susto, luego el asombro: "¿De qué hablas?", respondí. Aquello pareció el momento de la explosión del *Big Bang* o cuando Dios dijo "¡Sea la luz!"

Y ella insistió en su tesis, haciendo otra pregunta igualmente incendiaria: «¿Tú tendrías el valor, por libre y espontánea voluntad, de herir, agredir, ofender o maltratar a tus hijos?". Bueno, puedo asegurar que no hay mucho qué pensar ante una cuestión así. Entonces respondí inmediatamente: «Por supuesto que no".

Pero mi esposa no estaba jugando. Ella, ciertamente, ya había invertido tiempo meditando, reflexionando sobre estas cuestiones y algunas preguntas parece que ya estaban dentro de su equipaje antes de conocerme. Poco a poco las disparó una a una.

La tercera pregunta fue: "Entonces, ¿por qué las parejas se hieren tanto por nada? ¿Por qué insisten en agredirse y dejar marcas en los demás?". Y prosiguió:

"Es un hecho que cuando tenemos discusiones con nuestros hijos a causa de sus errores (que nos toman desprevenidos, agitados por nuestro día a día), y exageramos en el tono de voz al corregirlos, cambia el "clima" entre nosotros y sentimos, inmediatamente, un remordimiento terrible. Después, buscamos una manera de compensarlos por la exagerada reprimenda, y la verdad es que también aprovechamos para castigarnos... Entonces, ¿por qué no sucede así con la pareja?".

En eso, todos deberíamos estar de acuerdo. Es así como sucede con la mayoría de las parejas que conocemos, y con las que tenemos una relación de amistad. Entiendo el punto de vista de mi esposa y debo reconocer que tiene razón.

"Entonces", ella continuó, "¿amor es amor, o hay varios tipos de amor?". ¡Dios mío, realmente ella estaba inspirada al decir eso, y yo estaba en shock!

La luz de "pánico" ya estaba encendida y no podía responder a esa aparentemente sencilla pregunta. Ni siquiera se me ocurría dar una respuesta "elaborada", para ganar tiempo y pensar en algo mejor. Miré a los lados buscando un botón "haga click AQUÍ y descargue su respuesta", pero no lo encontré.

Me di cuenta de que era atemorizante sumergirse en una discusión sana respecto al amor, ese tema tan importante y profundo, porque contrario a lo que pensamos, realmente no tenemos todas las respuestas, y eso nos paraliza. Esto indica la fuerza y trascendencia del amor, ya que no es un sentimiento de adolescentes apasionados. El amor es una decisión, y esa decisión genera PODER.

> El amor no cobra intereses.

Entre las personas que conoces y que tienen hijos, ¿hay algún padre que tenga el hábito de hacer las cuentas sobre cuánto gasta mensualmente en sus hijos para cobrarles la inversión cuando crezcan? Ciertamente, no existe una persona así.

Los padres no llevan cuentas, porque simplemente aman ver a sus hijos disfrutando de lo mejor que les pueden dar. Para un padre, ver a su hijo convirtiéndose en un joven y adulto exitoso no se compara en nada a lo que él podría conquistar, y verlo derrotado es el peor dolor. Para un padre, vale más la victoria del hijo que su propia victoria. En realidad, la victoria del hijo es la victoria del padre.

*"Porque raíz de todos los males es* ***el amor al dinero****".*
–1 Timoteo 6:10

> El amor es tan ciego que nunca contabiliza lo que invierte en la persona que ama.

*Y ahora permanecen la fe, la esperanza y el amor, estos tres; pero el mayor de ellos es el amor* (1 Corintios 13:13).

Esta es otra frase de Pablo, escrita en un poema sobre el amor. Aquí introduce otros dos elementos: la fe y la esperanza.

Cuando entrevistamos a las personas sobre cuál es el mayor poder del mundo, ninguna de ellas respondió "la esperanza", a pesar de que es un poder.

Tal vez podríamos poner la esperanza en el radio de acción del sueño, como en el capítulo cinco. Sin esperanza, ¿cómo esperaríamos el cumplimiento de una promesa o la realización de un sueño? ¿Será que el poder del amor es mayor que el de la fe y la esperanza juntas?

Es lo que acabamos de leer. Es así como Pablo pensaba y ciertamente reflejaba algún tipo de consenso, fuera de la tradición de los sabios judíos o incluso de los primeros pensadores cristianos. ¿Quién sabe?

*El perfecto amor echa fuera el temor* (1 Juan 4:18).

El amor es un remedio, un antídoto. El amor expulsa sentimientos que le son contrarios. El temor es contrario a la fe: tú no puedes tener los dos al mismo tiempo. Si cultivas y tienes amor, no tendrás temor, pues el temor es expulsado por el amor, la esperanza brotará y la fe se fortalecerá.

Al tener esperanza, el ambiente para los sueños estará preparado. Los poderes están interconectados, ¿recuerdas?

**¿Cómo se cambia una orden de Dios?**

¡El amor es tan fuerte que ha tenido el poder de hacer que Dios cambie de idea algunas veces!

Lee esto que es parte de la historia de Israel:

> *Y añadiré a tus días quince años, y te libraré a ti y a esta ciudad de mano del rey de Asiria; y ampararé esta ciudad por amor a mí mismo, y por amor a David mi siervo* (2 Reyes 20:6).

Este es un episodio que involucró al rey Ezequías, del antiguo Israel. Él gobernaba desde la ciudad de Jerusalén, también llamada la "Ciudad del Gran Rey". Ezequías descubrió que padecía una enfermedad terminal y ciertamente moriría muy rápido. Entonces, utilizó el poder de la fe y comenzó a orar:

> *Te ruego, oh Jehová, te ruego que hagas memoria de que he andado delante de ti en verdad y con íntegro corazón, y que he hecho las cosas que te agradan. Y lloró Ezequías con gran lloro* (2 Reyes 20:3).

La fe logró que Ezequías superara su enfermedad y el amor lo salvó. ¡La cura para su enfermedad terminal se produjo!

**El amor es paciente.**

Finalmente, hay muchas otras áreas en nuestra vida donde el amor puede ser aplicado para que tengamos resultados grandiosos. Por ejemplo, si tu temperamento es dominante y te pones nervioso fácilmente, eres ansioso y odias esperar, tengo una noticia para ti: ¡el amor es un poder tan intenso que hasta tus sentimientos desordenados y descontrolados se someten a él! ¿Has experimentado amar para domar tus emociones y calmar tus sentimientos?

Jacob amó a Raquel. La amó de tal forma que trabajó durante siete años para tener el derecho de casarse con ella. Pero fue engañado por el propio suegro, y no se puso nervioso ni salió pateando todo lo que había frente a él. Jacob hizo un nuevo trato y trabajó durante otros siete años, así que tuvo paciencia para enfrentarlos.

La historia de la vida de Jacob dice que él amaba tanto a Raquel que catorce años pasaron como si fueran días. ¿Cómo? ¡Amor!

Y ¿será que el amor impacta a todos de la misma forma? Cuando veo en la televisión reportajes sobre madres tirando a sus hijos recién nacidos en latas de basura o abandonándolos en cajas de cartón, o al contrario, hijos matando a sus padres, llego a la conclusión de que incluso el amor encuentra resistencia en los seres humanos.

Pero, ¿y sobre el amor de Dios del cual Jesús habló? ¿Hay alguna diferencia entre el amor de Dios y nuestro amor? Dios ama colectivamente. Él ama en la misma medida a dos personas tan diferentes, como al peor pecador y al más santo de los hombres.

Nosotros, simples mortales, dirigimos el amor a pocos, generalmente a los más "queriditos", y aquellos que no nos perjudican. Nos gusta administrar la intensidad de ese poder por la entrega de las otras personas, y no incondicionalmente. Si la persona nos beneficia, amamos más; de lo contrario, le disminuimos el suministro de amor.

En verdad, creo que el amor y no la fe, es el poder más espiritual que existe, si lo comparamos con los otros seis que hemos tratado. Porque la fe puede fácilmente ser limitada cuando entra la duda.

El amor solo puede ser limitado si Dios no está ahí. Realmente creo en eso. Toda expresión de odio que el mundo ha experimentado, guerras, holocausto, genocidios, solo encontró espacio en nosotros, seres humanos, porque no permitimos que Dios estuviera ahí.

> *Si yo hablase lenguas humanas y angélicas, y no tengo amor, vengo a ser como metal que resuena, o címbalo que retiñe. Y si tuviese profecía, y entendiese todos los misterios y toda ciencia, y si tuviese toda la fe, de tal manera que trasladase los montes, y no tengo amor, nada soy. Y si repartiese todos mis bienes para dar de comer a los pobres, y si entregase mi cuerpo para ser quemado, y no tengo amor, de nada me sirve. El amor es sufrido, es benigno; el amor no tiene envidia, el amor no es jactancioso, no se envanece; no hace nada indebido, no busca lo suyo, no se irrita, no guarda rencor; no se goza de la injusticia, mas se goza de la verdad. Todo lo sufre, todo lo cree, todo lo espera, todo lo soporta. El amor nunca deja de ser; pero las profecías se acabarán, y cesarán las lenguas, y la ciencia acabará* (1 Corintios 13:1-8, autoría del apóstol Pablo).

“

Así como otros poderes, el amor ¡también tiene límites!

”

La profecía bíblica es clara: “*(...) el amor de muchos se enfriará*”. Las palabras de Jesús en Mateo 24:12 son preocupantes. Eso es indignante. La iniquidad, que es la suma de los pecados, es la kriptonita del amor. ¿Sabes qué es la kriptonita? Una piedra verde que le quita la fuerza a Superman.

Cuando permites instalar un pecado, has dado el primer paso a una colección de pecados. Al final, un abismo llama a otro abismo. La desintegración gratuita de la institución familiar es prueba de eso. Y las excusas para acabar una familia siempre son las mismas:

"Él o ella me traicionó".

"Él o ella no me ama más".

"No aguanto más".

Y cuando luchamos por nuestra propia felicidad, nuestros hijos son heridos, las mujeres se amargan, la sociedad se enferma.

Las mismas personas que comienzan a leer un libro y se detienen a la mitad, que comienzan una facultad y desisten meses después, son quienes no consiguen mantener una alianza tan profunda como el matrimonio.

Es como la historia de Alberto, un empresario bien conocido que atendí en sesiones de coaching. En sus días estresantes solía ir a beber al final de la jornada o visitar sitios de pornografía.

Por supuesto, en días de mucha presión, recurrimos a lo que nos da un escape. ¿Cuáles son tus escapes, eso a lo que recurres en tus días difíciles?

Los "días buenos" pueden utilizarse para replantear los escapes mentales que buscaremos en los "días malos", y convertirlos en algo saludable.

Como Job, que cuando recibió la peor noticia de su vida, se postró y adoró al Creador. Pudo haber murmurado, haberse emborrachado, pudo haber tenido un ataque de rabia… pero recurrió a lo que le daba un "escape".

Volvamos a Alberto. Algo que parecía insignificante fue atrayendo cosas mayores. Después de meses de alimentarse de pornografía que desvió su mente hacia múltiples opciones de gustos y placeres, ya no se interesaba en su esposa. Llegó al punto de ser inmune a los problemas de casa, de sus hijos y las cuentas por pagar. La situación cada vez se complicó más.

Quien tiene una posición de poder jerárquico, tiene una ventaja emocional sobre quien está debajo de esa jerarquía. Alberto usó eso también, y terminó involucrado en una relación con una joven colaboradora. Junto con la traición vino la mentira. Alberto no era mentiroso. Pero es imposible incurrir en un pecado sin atraer otros pecados sobre él.

Después de las borracheras, la pornografía y las mentiras, llegó la indiferencia emocional. El empresario que antes era un buen padre y marido, estaba en el juego del "no me importa". El amor se enfrió. Era el mismo Alberto, con la misma familia. ¿Qué cambió?

La iniquidad, la kriptonita del amor, entró. Recuerda que ¡el pecado no entra sin tu permiso! Alguien debe abrir la puerta.

Esta historia real no es exclusiva de este hombre de negocios. Ya he pasado por procesos parecidos; tal vez sepas de lo que estoy hablando. ¿Ya recordaste algunas situaciones en tu vida? La Biblia nos dice que el amor de muchos se enfriará. ¡Pero no de todos! ¿A qué grupo pertenecerás?

El amor, cuando se preserva, se manifiesta en:

- perdón
- confianza

- paciencia
- lealtad

**¿Cómo se mide el amor?**

Amar está conectado a sacrificio y entrega.

Te repito uno de los versos emblemáticos de la sabiduría bíblica:

> *Porque de tal manera amó Dios al mundo, que ha dado a su Hijo unigénito, para que todo aquel que en él cree, no se pierda, mas tenga vida eterna* (Juan 3:16).

"Tal manera" significa INTENSIDAD. Claro, como cualquier otro poder de los que hemos hablado, el amor también tiene MEDIDA.

Cuanto mayor es la intensidad del amor, mayor es la disposición para el sacrificio. ¿Has sabido de algún joven locamente enamorado que se queja porque toma tres transportes y tarda cerca de cuatro horas para llegar a la casa de su amada? ¡Apuesto que no! En general, el amor es sacrificial, pero a veces, ni siquiera nos damos cuenta de ese sacrificio porque lo hacemos con gusto.

> “¡La medida del amor determina la cantidad y la calidad de la entrega!”

El amor es un gran poder. Podemos usarlo para importantes conquistas durante nuestra caminata en esta tierra. Lo importante es recordar que el amor está más dispuesto a DAR que a RECIBIR.

"La vida es mía, pero el corazón es tuyo. La sonrisa es mía, pero el motivo eres tú." –Autor desconocido

Sinceramente, nunca he dado un regalo de cumpleaños a mi esposa esperando que ella me obsequie algo para mi cumpleaños. Entrego el regalo simplemente por el placer de ver la alegría en el rostro de quien amo.

¡El amor no espera nada a cambio! Podemos mencionar tantas historias romáticas como la de Romeo y Julieta. También hay otro tipo de amor, como vemos en la película *Marley y yo*, esa hermosa historia entre una familia típicamente americana y un perrito labrador.

No importa el ejemplo que busquemos, el punto en común es el sacrificio necesario para que el amor sea posible. Romeo muere por Julieta, el dueño de Marley aguantaba las travesuras del perro dentro de casa. ¡Todo por amor!

Yo era el tipo de persona que no puede convivir con un animal dentro de casa. Los pelos de un perro, por ejemplo, provocan irritación en mis ojos; el olor del animal, por mínimo que sea, me estresa.

Cuando Jeanine y yo estábamos recién casados, acordamos no tener mascotas. Ella fue la primera en romper la regla trayendo una gatita a la casa. Era hermosa y parecía inofensiva, pero se reprodujo y tuvimos cinco gatos que cuidar.

Meses después, yo pasaba por una feria en el centro de Río de Janeiro y vi a un chico vendiendo perritos. Me acerqué solo por curiosidad, cuando de pronto, vi aquella tierna mirada que atravesó mis ojos y llegó a mi corazón. Era un cachorro *poodle*, según el vendedor. No resistí su encanto y aquellas patas levantadas "pidiendo brazos". ¡Lo compré!

Era hembrita y la llamamos Milka. Me sorprendí levantándome en las madrugadas para ver cómo estaba la perrita, dándole biberón especial, pues necesitaba un refuerzo en la alimentación;

me descubrí gastando parte de mi apretado presupuesto en las cositas que las mascotas necesitan: su camita, sus juguetes y artículos de baño.

Un día, descubrí que mi alergia había desaparecido. Fui al médico para un chequeo de rutina y le informé que ya no tenía síntomas de mi alergia al pelo de animales. ¡Me vio con incredulidad! Me sometió a algunos exámenes y días después, trajo el resultado: "La alergia sigue ahí, pero no te das cuenta por el amor que sientes por tu mascota".

Milka no era un *poodle* como aquel pícaro vendedor me había dicho. Era una perrita mestiza, así que creció hasta alcanzar buen tamaño. ¡Era divertida! Su apodo en nuestra calle era "*poodle* gigante". Pero nosotros la amábamos y disfrutamos momentos felices a su lado.

El amor nos hace olvidar las desventajas, sacrificar nuestra voluntad, renunciar a nuestros deseos, solo por estar al lado de quien acelera los latidos de nuestro corazón.

Lo que me impacta y conmueve sobre el poder del amor es que, por definición teológica y bíblica, Dios es amor.

**¡Dios es amor!**

Él podría ser cualquier cosa que quisiera, pero una de las definiciones bíblicas sobre quién es, revela que es AMOR. Intensidad es la clave para usar el poder del amor en favor de grandes sacrificios.

> "Es posible dar sin amar. ¡Pero imposible amar sin dar!"

> *El que fue perdonado en mucho, mucho amará* (mi versión de Lucas 7:47).

El contexto del versículo es interesante. Jesús está contando una historia al dueño de casa que lo había invitado a una cena. Su nombre era Simón, un fariseo que dudaba sobre quién era realmente el Maestro de Galilea.

Una mujer que la Biblia describe como "pecadora" entró en el mismo cuarto donde estaban, se arrodilló delante de Jesús, lavó sus pies con lágrimas y los secó con sus cabellos. ¡Una escena cinematográfica!

Esa acción causó un alboroto entre los religiosos que dudaron mucho más de que Jesús fuera profeta, pues alguien que tiene discernimiento, debería saber que aquella mujer no era digna de estar ahí. Entonces, Jesús enseñó una de sus parábolas. En el libro de Lucas 7:41-42 leemos así:

> *Un acreedor tenía dos deudores: el uno le debía quinientos denarios, y el otro cincuenta; no teniendo ellos con qué pagar, perdonó a ambos. Di, pues, ¿cuál de ellos le amará más?*

¿Me entiendes? El amor tiene medidas. Jesús, Maestro del amor, nos enseñó todo sobre este poder. Busca en la historia del Mesías de Israel y encontrarás un manual sobre cómo amar de verdad.

"La mayor declaración de amor es la que no se hace; el hombre que siente mucho, habla poco." –Platón

# 8

# EL MAYOR PODER DEL MUNDO

*"Bástate mi gracia; porque mi poder se perfecciona en la debilidad"* –2 Corintios 12:9a

Mi madre siempre decía que nací "con una gran suerte". En realidad, ella usaba otra expresión, pero esta traduce bien lo que ella quería decir. Solo hoy entiendo que, desde entonces, yo tenía ya el mayor poder del mundo.

Recuerdo que a los quince años de edad, le dije a mis padres que mi sueño era conocer a una figura de la industria del espectáculo, que además de excelente músico, era famoso por tener uno de los mejores estudios de grabación del país.

Mi padre me solía decir: "Tiago, tú conseguirás lo que quieras. Por lo menos, tienes que llegar más lejos que yo. Yo fui más lejos que mi padre y tú necesitas hacer lo mismo. Debes pasar ese objetivo a tus hijos cuando los tengas". Mi madre, una y otra vez, repetía: "Darío, pero él desiste fácil".

Con esas dos palabras de mis padres, yo tenía todo lo que necesitaba para empezar: la bendición y el apoyo de mi padre, y el desafío planteado por mi madre. Y ella estaba en lo cierto. En aquella época, era común que yo dejara proyectos sin terminar.

Tenía varias limitaciones. Me dominaban terribles complejos de inferioridad por el color de mi piel, la forma de mi nariz y mi condición social. No me veía como mis padres me veían.

Pero busqué al dueño del estudio de grabación, aquella figura inaccesible a "seres comunes". Él me recibió y le pedí que me aceptara como aprendiz. Para mi sorpresa, aceptó. ¡El poder de un sueño tiene fuerza más allá de lo natural!

Durante dos años completos solo trabajé para recibir el dinero del transporte, de ida y vuelta. Comencé enrollando cables. Cuatro años después, salí del estudio como gerente de confianza de la empresa. Fue en aquella época que hice mi primer *networking*, mi red de contactos.

También fue en aquel tiempo que encontré mi primera referencia en liderazgo, después de mi padre, por supuesto: Pedro, a quien yo llamaba "El jefe". Él era el dueño del estudio. Más que eso, era una fuente de inspiración para aquel sueño que alimentaba dentro de mí.

Pedro me enseñó mucho sobre comportamiento, ética, cómo lidiar con personas difíciles y, principalmente, cómo entrar y mantenerme en el mundo empresarial sin perder el temor a Dios. ¡Referencias fundamentales en la vida de un joven!

Cuando pedí salir del estudio, tenía diecinueve años de edad. Después de eso, fui a vivir a Europa, específicamente, a Italia y Suiza. Entre las idas y venidas, esta profunda experiencia duró un año y medio. Allí ayudaba a algunas iglesias como misionero y músico. Me quedaba alojado en casas de pastores amigos.

En cierto modo, esa actividad en Europa era reflejo de mis sueños de la adolescencia, cuando imaginaba ser músico y productor musical. En la Escuela de Música Villa Lobos, una de las más reconocidas de Brasil, en el centro de Río, participé en la producción de muchos álbumes como instrumentista y, finalmente, conseguí producir algunos CDs. De esa forma cerré el ciclo.

Después, en la juventud, quería viajar por el mundo y también lo conseguí. Fue entonces cuando me di cuenta de que nada parecía imposible. Naturalmente, empecé a aumentar el nivel de mis desafíos. "Quién sabe, quizá abrir una empresa", empecé a pensar.

Cuando volví de Europa, conocí a Jeanine, que era amiga de mi familia, y su madre frecuentaba la iglesia en la que mi padre era pastor. Recuerdo bien cuando la vi en una fiesta y dije a uno de mis hermanos: "¡Voy a casarme con aquella chica!"

Ella parecía ser demasiado para mí; tal vez no se fijaría en alguien como yo. Sin embargo, seguí confiado. Sentía que podía conquistar todo lo que quisiera. Y mira, dos años después, Jeanine y yo nos casamos.

Ya estaba en un camino profesional relativamente seguro. Una vez que regresé de Europa y me preparaba para casarme, empecé a trabajar en agencias de viajes, por la experiencia con el turismo y por hablar español e inglés. Comencé como vendedor autónomo. Poco después, fui promovido a gerente de una empresa de turismo en el centro de Río de Janeiro. Nunca he tenido problemas con empezar desde abajo. Pero tenía la certeza de que, si me dejaban hacer mi trabajo, llegaría a la cumbre del éxito.

¿Recuerdas la historia bíblica sobre Abraham y Lot? Ellos discutieron por el tamaño de sus rebaños y decidieron separarse para que no hubiera conflicto entre los dos grupos. Abraham le dio la preferencia a Lot diciendo: *"Si fueres a la mano izquierda, yo iré a la derecha; y si tú a la derecha, yo iré a la izquierda"* (Génesis 13:9).

La decisión estaba en manos de Lot. Abraham no tenía problemas con empezar todo de nuevo. Él sabía que la bendición no estaba en la tierra; estaba con él. ¿Me explico?

En mi comienzo profesional, como el dinero era escaso, yo hacía, de madrugada, un "extra" como técnico de sonido en estudios de grabación. Así aumentaba el ingreso para asumir los costos de la boda y de una casa.

Diez días antes de casarme con Jeanine, cuando la alegría era grande y también grande era la ansiedad prenupcial, fui despedido de la agencia de viajes, y tuve que llevar a mi novia al altar, desempleado. Estaba atónito con aquello e inseguro por el mañana.

Me quedé seis meses, literalmente, sobreviviendo. Fueron días y noches muy difíciles. Decidimos usar el poder de la fe y del *networking* para comenzar una empresa de turismo. Solo faltaban los recursos financieros.

Usamos el poder de la fe, pues necesitábamos creer lo que aún no veíamos, y el poder del *networking*, porque nuestros primeros clientes serían exactamente los amigos que yo había hecho cuando trabajé en los estudios de grabación. Yo tenía la idea y la experiencia. "Alguien debe tener el dinero", pensé. Era una combinación perfecta, ¿no te parece?

En ese momento, conocí a Marcelo. Él se había convertido al evangelio poco tiempo antes. Hoy es pastor. En la época en que nos conocimos, él había recibido una pequeña herencia y, sin conocerme, decidió ser mi socio en el proyecto. Él fue ese "alguien que tenía el dinero". Juntos fundamos la empresa que inició una nueva fase en nuestra vida.

Sin embargo, cinco meses después, Marcelo desistió de la empresa. No conseguíamos pagar las cuentas, mucho menos tener un salario. Después de eso, con mucho esfuerzo pagué la parte de él, y empecé a aventurarme solo por el mundo de los negocios. Nada era como yo pensaba. Fue muy duro, pero me encantan los desafíos.

Cuento en mi libro R*umbo al Lugar Deseado* sobre el día en que, con $7, abastecí de gasolina el auto prestado por mi padre y fui a una feria de turismo en Río de Janeiro. ¡No teníamos dinero ni para comer ese día!

Mi primo Lucas estaba conmigo y fue mi compañero de agencia desde que abrió hasta su cierre. Aquel día que fuimos a la feria y uno de los hombres más poderosos del turismo de Israel pasó a mi lado; me preguntó si ya conocía Tierra Santa. Sonreí y dije: "¡Qué sueño, nunca he ido!"

¿Por qué aquel hombre, en una feria con cerca de veinticinco mil visitantes, me eligió  para hacer esa pregunta? Tú no decides tener el mayor poder del mundo. ¡En realidad, te lo otorgan cuando demuestras las cualidades necesarias!

Esa persona estaba allí para vender su producto, claro. Pero ese mes, gracias a su invitación, fui a Israel por primera vez. Ahí, mi vida cambiaría otra vez. Un nuevo ciclo.

La vida se compone de ciclos. La mía cambia cada siete años. La de algunos, cada diez. Haz una lista de los acontecimientos que han marcado tu vida, aquellos que dieron un giro a todo, y analiza cuánto tiempo dura un ciclo en tu caminar. Nuevos sueños, nuevas perspectivas, nuevo nivel.

Dios me dio gracia delante de líderes religiosos influyentes y empecé a proponerles montar excursiones hacia territorio judío. Muchos aceptaron y una gran etapa llegó a mi vida.

"Profesar la fe sin la gracia divina es el cortejo fúnebre de un alma muerta." –
Charles H. Spurgeon

En esta época, empecé a usar el poder de la información. Pagaba lo que fuera necesario para estar al frente: guías de turismo local, revistas del segmento, talleres... Invertía sin parar. Quería información para estar adelante en todo.

Yo tenía el poder de la fe y del *networking*. Acababa de redescubrir el poder del amor con el nacimiento de nuestra primera hija, Julia Neviah. Tener un hijo te remite al amor paternal e incondicional de Dios. ¿Sabes?, en esa época estaba a punto de adquirir el poder del dinero.

Pero todo cambió... para peor. Faltó algo. Faltó el poder de la sabiduría, porque sin ella no conseguimos administrar lo que conquistamos por fe. También faltó el poder de un sueño, pues los míos, al menos, estaban envueltos en una neblina. Y aunque tenía el principal, el mayor poder del mundo, no lo dirigía a mi propósito de vida. Por cierto, ni siquiera sabía que tenía uno.

Quien no canaliza el mayor poder del mundo para cumplir su ICP (propósito), tarde o temprano rendirá cuentas a Aquel que le concedió el poder.

ATENCIÓN, este es el secreto de este libro:

> “Descubre tu Idea Central Permanente y DIRIGE la GRACIA que Dios te ha dado para facilitar el logro de tu propósito.”

Los resultados serán incontables. Yo lo he vivido.

¡Une tu ICP al mayor poder del mundo y prepárate para la explosión!

No es novedad que soy un apasionado por la historia de Israel y su pueblo (mientras escribo este capítulo, preparo las maletas para viajar a la Tierra de Jesús con un grupo de estudiantes). Mi intención era investigar y entrevistar al mayor número posible de historiadores. Y esto comenzó cuando en 2007, un rabino mesiánico, en Jerusalén, me dijo que descubriría el mayor poder del mundo si descubría lo que sacó a Israel de Egipto.

La historia no tiene respuesta para todo. ¡La Biblia sí! Y la encontré. En este caso, en Éxodo 3:21:

> *Y yo daré a este pueblo gracia en los ojos de los egipcios, para que cuando salgáis, no vayáis con las manos vacías.*

No fue fuerza, ni estrategia de guerra, no fue una idea sabia, ni por una red de relaciones, no fue el dinero, ni fue la fe. ¡Fue simplemente GRACIA! El pueblo de Israel salió de Egipto, donde había sido esclavizado, libre y con las manos llenas. ¿Gracia? ¿Qué es realmente?

Te pregunté al principio del libro lo que diferenciaba a Martin Luther King Jr. y a Malcolm X, ¿recuerdas? Uno tenía gracia, el otro no.

¿Has visto a esa persona talentosa, muy capaz, inteligente, preparada, pero que no prospera en nada de lo que hace? Esa es la persona sin gracia.

¿Has visto al sujeto rico, lleno de contactos, movido por informaciones, pero que nadie quiere estar cerca de él? ¡Ese es un sujeto sin gracia!

Días atrás, en un encuentro de aeropuerto con un gran líder nacional, nos reunimos durante diez minutos para tomar un café. Él, riendo, intentaba "acorralarme" con algunas preguntas:

"Y ahí, ¿cómo es estar 'bajo las luces'? Dime, ¿quién es tu padrino?". Usando el poder del amor yo iba respondiendo, haciendo de todo para que él se sintiera aceptado y no intimidado. Recibía sus preguntas con buena disposición, aunque eran como balas de cañón suavizadas con un tono de voz cariñoso y empático. Hasta que fue un poco más agresivo. Sin perder la compostura, dijo: "Chico, ni siquiera creo que eres tan bueno... Hablas las mismas cosas que otros, además, yo expongo aún mejor las teorías que tú defiendes". Sonreí y dije: "¡Qué bueno, amigo! No dudo de que así es".

Él continuó: "Pero no entiendo por qué las personas están 'encima tuyo'. Solo quieren invitarte a ti. ¿Qué está pasando? ¿Qué tienes que no tengo?". Respetuosamente, respondí con tono de pregunta: "¿Gracia?".

Para evitar que el clima quedara tenso, cité un verso bíblico que ya mencioné en este libro cuando hablé del poder del *networking*. Proverbios 22:11, que dice:

> *El que ama la limpieza de corazón, Por la gracia de sus labios tendrá la amistad del rey.*

Quien no tiene GRACIA es sin gracia. Hablo sin temor. Si no tenemos la gracia de Dios, todos nuestros talentos serán insuficientes para atraer a alguien, para atraer buenos negocios y las experiencias que la vida tiene para nosotros.

Todo lo que tenemos y somos es por gracia y por la gracia. "*Por gracia sois salvos*", dice la sabiduría en Proverbios 2:8.

La gracia es un regalo divino para que un ser humano común abra cualquier puerta en su camino. La gracia es un poder de atracción, un imán invisible. Provoca que quien está "arriba de la rueda" quiera desesperadamente llevarte con él.

"Cuando reconocemos que somos limitados, entendemos perfectamente que es la gracia de Dios la que nos sustenta." –Tiago Brunet

> *Pero por la gracia de Dios soy lo que soy; y su gracia no ha sido en vano para conmigo, antes he trabajado más que todos ellos; pero no yo, sino la gracia de Dios conmigo.* (1 Corintios 15:10)

¡Este verso del famoso apóstol Pablo lo explica todo! Explica mi historia, explica la historia de grandes líderes.

¿Qué realmente me abrió las puertas en aquel estudio cuando era adolescente? ¿Por qué los pastores confiaban en mí al punto de invitar a un joven a vivir a Europa? ¿Qué vio Jeanine en mí? Yo no pasaba de ser un desempleado desconocido cuando nos conocimos.

¿Qué había visto mi primer socio en mi sueño de abrir una agencia de viajes? ¿Qué vio el hombre poderoso de Israel en mí, entre miles de personas que estaban en esa feria de turismo? El mayor poder del mundo: ¡la gracia!

Las personas te miran y simplemente les gustas, confían, por lo tanto, te abren las puertas. Es importante comprender que ¡la GRACIA es gratuita!

Como dije al principio del libro, la mayoría de los poderes que rigen la tierra se adquieren con la poderosísima moneda llamada tiempo.

La gracia, que es el mayor poder de todos, es completamente gratis. No se compra invirtiendo tiempo, sino desarrollando algo en ti que llame la atención de Dios. ¡Puedes lograrlo! He estudiado, investigado y analizado, y me di cuenta de que hay puntos en común en los seres humanos llenos de gracia. Estos puntos se refieren a:

1. un corazón puro
2. un interés insaciable por lo que es eterno

3. cosas que nadie te vio hacer, pero los cielos registraron
4. humildad a toda prueba

¿Qué entiendes por un corazón puro? Que está limpio, que no tiene suciedad. Un corazón puro agrada a Dios.

Jesús da una clase sobre esto a los fariseos que lo perseguían. Puedes encontrar el relato en Mateo 15 y Marcos 7. Aquellos miembros del grupo judío cuestionaban a Jesús porque sus discípulos no se lavaron las manos antes de comer, lo que era una afrenta a su costumbre. Y Jesús afirma (Mateo 15:11):

> *No lo que entra en la boca contamina al hombre; mas lo que sale de la boca, esto contamina al hombre.*

Jesús hablaba por medio de parábolas y no todos entendían. En este caso, ni siquiera los discípulos comprendieron de inmediato. Y el Maestro explicó (Mateo 15:17-18):

> *¿No entendéis que todo lo que entra en la boca va al vientre, y es echado en la letrina? Pero lo que sale de la boca, del corazón sale; y esto contamina al hombre.*

En esta lección, como se dice hoy en día, Jesús "dibujó". El corazón impuro es el que contamina al hombre. Y el corazón solo queda así por las cosas que dejamos reposar en él. Todo lo que vemos y escuchamos se queda en nuestro interior. Depende de ti seleccionar lo que llena tu corazón.

Otro aspecto importante es estar interesado por lo eterno, lo que es de Dios. Ello te hace una persona diferente de las que tienen una vida común; te expone a los ojos del Todopoderoso para que te dé su gracia. En una de sus cartas, Juan, el apóstol del amor, advierte:

> *No améis al mundo, ni las cosas que están en el mundo. Si alguno ama al mundo, el amor del Padre no está en él. Porque todo lo que hay en el mundo, los deseos de la carne, los deseos de los ojos, y la vanagloria de la vida, no proviene del Padre, sino del mundo* (1 Juan 2:15-16).

Y Juan concluye con maestría, en el siguiente versículo:

> *Y el mundo pasa, y sus deseos; pero el que hace la voluntad de Dios permanece para siempre.* (1 Juan 2:17)

Lo que es del mundo no es eterno, luego, pasa. Las personas pierden años y años, incluso una vida entera, dedicándose a lo que no permanecerá. Gastan energía con sentimientos y acciones que no valen la pena. ¿Sabes la consecuencia de esto? No tendrán tiempo para invertir en lo que es eterno y verdaderamente importante.

El tercer tópico que te enumeré habla mucho sobre quién eres realmente. ¿Qué haces cuando nadie está viendo? En esos momentos, ¿eres realmente una buena persona? Cuando nadie te está observando, ¿alimentas tu corazón con pureza o con maldad? Esto hace una gran diferencia. Podemos crear una buena apariencia, pero eso no nos convierte en buenas personas. Consigues engañar en lo que es temporal, no en lo que es eterno.

Recuerdo el relato, en 1 Samuel 16, el momento cuando David fue ungido como rey. Samuel, el gran profeta del pueblo de Israel en aquel tiempo, fue a la casa de Isaí que tenía ocho hijos, entre ellos, David, un niño en ese momento. Samuel iba a ungir a uno de ellos para ser el próximo rey de Israel y quedó encantado con la apariencia de Eliab. Pero, según las Escrituras, Dios le dijo a Samuel:

> *No mires a su parecer, ni a lo grande de su estatura, porque yo lo desecho; porque Jehová no mira lo que mira el hombre;*

> *pues el hombre mira lo que está delante de sus ojos, pero Jehová mira el corazón* (1 Samuel 16:7).

No tomes este párrafo para relajarte con el cuidado de tu apariencia. Nada de eso. La comparación entre apariencia exterior versus apariencia interior es para ilustrar la importancia de tener un corazón puro, ya que esto es lo más importante. Mejor aún si ese corazón se refleja en una persona que se valora y proyecta excelencia.

Por último, está la humildad que se refiere a serenidad, que es tranquilizadora, que ayuda a resolver conflictos. No confundas humildad con pobreza. Los humildes son aquellos que están siempre aprendiendo, son los que acortan las crisis porque saben escuchar. Esta, incluso, es una sugerencia del mismo Jesús. En Mateo 11:29, Él sugiere: *"(...) aprended de mí, que soy manso y humilde de corazón; y hallaréis descanso para vuestras almas".*

¿Sabes lo que Dios hace cuando encuentra a alguien con esas características? Retribuye dando gracia, aquel brillo que reflejas y encanta a quienes te rodean.

Mira el caso de Zaqueo. Un judío que en la época de Jesús estaba al servicio de Roma como cobrador de impuestos. Su ocupación era mal vista por sus compatriotas, ya que cobraba impuestos abusivos a su propio pueblo, en nombre del opresor. Zaqueo era usado para "extorsionar" a la población de Israel.

La historia bíblica cuenta que Zaqueo era un hombre de pequeña estatura, por lo que tuvo que subir a un árbol para ver a Jesús que pasaba por la ciudad. Esto probablemente ocurrió en la ciudad de Jericó, hoy, Palestina.

¡Imagina el movimiento social que significó recibir la visita de un "famoso"!

Aquel hombre bajito ni siquiera era religioso, pero fue en su casa que Jesús, el Maestro de los maestros, el Rey de las naciones, el Príncipe de la paz, el Mesías de Israel, en su breve paso por la Tierra, resolvió dormir por una noche. De nuevo podemos hacer preguntas:

¿Qué privilegio es ese?

¿Qué vio Jesús en Zaqueo?

¿Por qué él?

*"Mi PODER se perfecciona en tu debilidad"* (2 Corintios 12:9).

Eso es lo que Dios nos dice cuando revela su gracia. Él dice que su gracia será suficiente: *"Bástate mi gracia"*.

La gracia de Dios basta, es suficiente, además de algunos poderes temporales que podemos desarrollar con técnicas y disciplina.

Si vemos a dos personas, una que habla bien, que tiene buenas ideas, que es competente, y otra que tiene la gracia, pero menos atributos, te aseguro que será la gracia de Dios lo que determinará quién llegará más lejos.

Todos los poderes son fundamentales. Cada uno cumplirá una función en tu existencia, pero no te arriesgues a ir por la vida sin la gracia de Dios.

Además, llama mi atención la continuación de este verso que dice que el poder de Dios se perfecciona en nosotros cuando estamos débiles. El poder de Dios es efectivo, incluso en nuestra debilidad. Por eso, NUNCA MÁS creas que eres incapaz, jamás pienses que te falta algo, pues es justamente cuando te sientes sin fuerzas, que la gracia se manifestará. ¿De qué sirve tener todos los demás poderes del mundo si nadie encuentra gracia en ti?

## 7x1

Si usas los siete primeros poderes sin equilibrio, pueden derribarte. Si esto sucede, el mayor poder del mundo, la gracia de Dios, puede levantarte. Algunas personas han sido atrapadas por usar información que no debían tener. Otros han perdido a la familia y la propia salvación en Cristo a causa del dinero. Muchos han utilizado sus redes para llegar a destinos vacíos. Hay quienes usan la energía de un sueño solamente para beneficio propio. ¡Se vuelven egoístas y hasta mediocres! Algunos han matado en nombre de la fe y ¡hoy son asesinos! Otros han enfocado el amor en las cosas y no en las personas.

Por eso, estoy convencido de que la gracia es el mayor poder. Todos te pueden derribar, pero solo ella te puede levantar. Todos los efectos de la gracia son positivos. Los demás poderes que puedes desarrollar son terrenales; la gracia viene de los cielos.

> “Los poderes cambian el comportamiento de quien los tiene; el mayor poder del mundo cambia tu vida por completo.”

La ciudad de Orlando, Florida, en los Estados Unidos, ha sido una segunda casa para mí desde 2010. Algo que he notado en las personas de esta región es que tienen una gran preocupación por huracanes y tornados, además de los cocodrilos que habitan los lagos de los alrededores.

Cuando estoy en la ciudad, observo a los turistas y a los americanos en modo "zombi" comprando sin parar y sin pensar. Centros comerciales y *outlets* llenos, restaurantes con grandes filas, y parques de Disney intransitables. ¿Pero que sucede cuando llega un aviso de huracán?

Una información como esta lleva a los turistas del parque directamente a los supermercados para comprar y almacenar comida. Algunos salen del hotel donde se hospedan y buscan un lugar más seguro. Las compras de otros artículos y la diversión dejan de ser importantes en segundos. El modo "zombi" se transforma en modo "desesperación". La información cambia por completo el comportamiento humano.

¿Cómo actuarías hoy si supieras que mañana sería tu último día de vida? Ciertamente actuarías de manera totalmente diferente a lo normal. La información tiene un poder inusual, ya que es capaz de cambiar el destino.

Pero en realidad, cualquiera de los poderes citados en este libro, cuando son adquiridos por el ser humano, transforman su forma de actuar y pensar. Su comportamiento se ve afectado inmediatamente.

¿Conoces a alguien que adquirió el poder de la sabiduría y continuó actuando como cualquier tonto? ¿Alguien que conquistó el poder del dinero y continuó frecuentando los mismos lugares? ¿Quién que logró ser parte de una poderosa red se vestirá y hablará de la misma forma? ¿Y no cambiará alguien que adquirió el poder del amor, de la fe o de un sueño? ¡Imposible continuar igual!

Así es cuando el mayor poder del mundo se manifiesta en ti, todo se transforma. Tu comportamiento cambia, tu mente se renueva. Si la información ya cambia un destino, ¿imaginas la gracia de Dios?

"La gracia es para la hermosura, lo que el gusano es en la línea del pescador, sin anzuelo no cae el pez, sin la gracia no hay conquista". –Jean Commerson

Si la sabiduría coloca hombres comunes en las mesas de reyes, ¿te imaginas la gracia? Solo la gracia es la razón para estar de pie. Es un imán de vida abundante, pero también es un blindaje espiritual. La gracia es inexplicable, es llamativa, es inalcanzable, es poderosa. Nada se compara a lo que ofrece. Quien la posee, puede obtener todo.

La gracia es la llave que abre la puerta del Reino de los Cielos a los mortales aquí en la tierra.

Por la gracia seremos salvos, y eso no viene de hombres. ¡Es un don divino!

¡Shalom!

> *Porque por gracia sois salvos por medio de la fe; y esto no de vosotros, pues es don de Dios* (Efesios 2:8).
>
> ¡Solamente es válido para quien lo cree!

# CONCLUSIÓN

¿En qué fase de la vida te encuentras? ¿Cuál de los poderes presentados en esta obra son necesarios para impulsar tu vida hoy?

¿Dónde has invertido tu moneda del tiempo?

Permíteme contarte un secreto. El tiempo es la única moneda que no puede ser comprada. El dólar, el euro, la libra están a disposición en cualquier casa de cambio. El tiempo no. Si lo gastas, no hay cómo reponerlo.

Por eso el tiempo tiene tanto valor. Y hay más...

No es posible economizarlo. No existe un cofre ni una lata que lo guarde para ser usado más adelante. Se acabará de cualquier manera. Intencionalmente puedes gastarlo o simplemente vivir dejándolo resbalar por tus dedos. ¡Ah, el tiempo!

Espero que haya quedado claro que los siete poderes son necesarios para abrir puertas en tu caminar. Sin embargo, es por el mayor poder del mundo que todo sucederá más rápido y seguro.

¡CUIDADO!

Aviso importante:

El mayor poder del mundo no puede utilizarse en beneficio propio.

*(...)De gracia recibisteis, dad de gracia* (Mateo 10:8).

Canaliza este poder para cumplir y maximizar tu propósito de vida. Enfócalo en resultados colectivos, o sea, aquello que aportará beneficios a quienes están a tu alrededor. Al hacerlo, la consecuencia natural será que llegarás a lugares que nunca imaginaste. Y te sentirás muy feliz por estar ahí.

El mayor poder del mundo tiene una importante función: hacer que los hombres comunes sean FACILITADORES de aquellos que les rodean. No lo uses para otro fin. Sería como apretar el botón de autodestrucción.

Desde que me di cuenta de que llegué donde estoy por medio de la gracia, nunca más he pensado en mí mismo. Resolví donarme a los más débiles, a los desamparados, a aquellos que no tuvieron las mismas oportunidades que la mayoría. Decidí ser relevante en este mundo, no para que mi nombre figure en una placa, sino para que esté escrito en un libro que está en los cielos.

No quiero ser famoso aquí en la vida terrenal, quiero que se comente mi vida por la eternidad. "El mundo pasa", ¿recuerdas?

Sé que parece difícil comprenderlo, pero es simple. Todo lo que Dios te dio, si reconoces que viene de Él, debe ser compartido. El amor, el perdón, la paz y el conocimiento son algunos ejemplos.

La gracia es la facilitadora de esos recursos en tu vida. Hace posible lo que antes parecía imposible. José no hizo esfuerzos con el objetivo de ser gobernador de Egipto y "salvador" de su familia. Martin Luther King Jr. no dedicó su vida a la búsqueda del Premio Nobel de la Paz o a ser un famoso líder del movimiento afroamericano. Ellos se preocuparon por las personas, lo demás fue consecuencia de su deseo por servir a los demás.

**No desprecies la efectividad de los otros poderes.**

La **fe** te hará conquistar cosas inimaginables; **el mayor poder del mundo** hará que todos miren con agrado esas realizaciones.

La **sabiduría** te ayudará en las decisiones difíciles; **el mayor poder del mundo** te respaldará.

La **información** te pondrá al frente; **el mayor poder del mundo** te hará multiplicar los frutos.

El **sueño** te anestesiará hasta su cumplimiento; **el mayor poder del mundo** hará que todo a tu vuelta sea completado.

El **amor** alimentará tu fuerza; **el mayor poder del mundo** derribará los obstáculos.

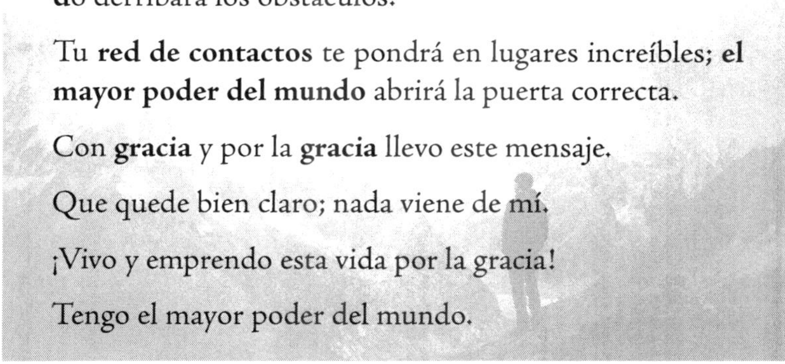

Tu **red de contactos** te pondrá en lugares increíbles; **el mayor poder del mundo** abrirá la puerta correcta.

Con **gracia** y por la **gracia** llevo este mensaje.

Que quede bien claro; nada viene de mí.

¡Vivo y emprendo esta vida por la gracia!

Tengo el mayor poder del mundo.

¡Hasta el próximo libro!

**Tiago Brunet**

# MEDITACIÓN FINAL

Si leíste este libro y te emocionaste al descubrir que necesitas desesperadamente el mayor poder del mundo, la gracia de Dios, repite estas palabras en voz alta:

*Jesús, hoy entiendo que Tú eres la gracia divina compartida conmigo.*

*No puedo seguir caminando en esta carretera mal señalizada que es la vida, sin tus consejos, sin tu amor y sin tu misericordia.*

*Reconozco que eres el Salvador de la humanidad y el Señor de mi vida.*

*Derrama tu gracia en mí para que se abran las puertas que hoy están cerradas, así como se abrirán las puertas de la eternidad cuando escuchen mi nombre.*

*Quiero ser tu amigo aquí en la tierra y caminar de la mano contigo en tu Reino.*

*Escribe mi nombre en el Libro de la Vida. Toda la tierra escuchará en aquel gran día, que tu gracia me incluyó donde jamás hubiera podido entrar.*

*Realmente no lo merezco, pero todo ha sido, es y será por la gracia que ahora tengo.*

*¡Que así sea!*